优秀教师课堂管理智慧

How to Succeed as an Elementary Teacher

How to Succeed as an Elementary Teacher · 30

[加]马尔扬·格拉瓦茨——著

苏祎甜——译

CNS PUBLISHING & MEDIA | 湖南人民出版社·长沙

目 录

序 言

杰克·坎菲尔德

教师们都有一些共同的价值观。其中之一就是所有老师都渴望看到学生的成长。不幸的是，老师们往往也因此而异常沮丧！老师们经常疑惑，他们是否真的在影响学生，是否在教授对他们有用的、可以使他们成长的课程？

作为一名教师，我也经常问自己同样的问题。

2005年10月，在加利福尼亚州的阿纳海姆，我在一节工作坊上做讲解时初次见到了马尔扬·格拉瓦茨。他拿着我写的第一本书走上前来。那是我在1976年与哈罗德·威尔斯合著的《提高课堂自我认知的100种方法：一本给老师和家长的指导手册》。他说这本书对作为教师的他来说影响深远。那时我就确信，我确实帮助我的学生成长了。

马尔扬这本《优秀教师课堂管理智慧》也会对你和你的学生起到同样的作用。对于老师来说，只要遵循一定的成功法则，你和你的学生就会得到成长。本书会为你指明方向。这是一本教学指南，它为教师提供行之有效的实践策略、教学技巧与窍门。书中的观点对任何教师都适用。

马尔扬有将近30年的教学经验，他优秀的教学能力赢得了同事们的赞赏和学生的尊敬，以至于他的许多学生回到母校，依然记得他第一次使用的那些教学技巧。他的学生就是这些教学策略仍在发挥作用的活生生的证明。

如果你想在教学上取得成功，并且想因你改变了学生们而被铭记，那么就来阅读并学习马尔扬书中的教学策略吧。

这是一本适用所有教师课堂教学的优秀参考书，我在此强烈推荐。

引 文

我孤立无援地坐在校长办公室里，深感疲惫，羞愧难当。我现在对回到班级面对学生极度排斥，只想马上辞职。我已经教了3年书，这是我工作的第二所学校，职业生涯进展不顺。

我选择做教师就是想得到成长，而现在却一事无成。

但我不能放弃，这是我第一份真正意义上的工作。作为父母双方家族里的第一个大学生，我不想让移民来此的父母失望。

而且6个月后，我就要与心爱之人结婚了，因此我需要钱，需要工作。

第二年我跳槽去了一所更加严格的学校，这是我4年间的第三所学校。

新工作是每天教7个班的12岁学生的法语，这是一门第二外语。

我所居住的这座小村庄里的每个孩子都是我的学生，学生和家长对于我在哪里住、去哪里购物以及我做的所有事都了如指掌。

简直无所遁形。

一天，校长告诉我，家长们正在当地溜冰场聚众诋毁我。他们对我课堂教学的方方面面都深表不满。他还告诉我如果不能改正，那我在村里的生活将举步维艰。

与好斗、颓废、可悲的学生斗智斗勇占据了我的生活。

我的课堂管理能力非常糟糕。

铃声一响，学生们走了，我却不行。

下课铃一响，学生就像一群不守规矩的暴徒，从教室蜂拥而出。我尝试告诉他们家庭作业，却徒劳无功，他们毫不理睬。

而我不仅要准备下节课的内容，还要亲自将桌椅归位。

仅仅教了3年书，我就又想辞职了。我斗志全无，如牛负重，精疲力竭。

但我不想求助，也不知道向谁求助，更不知道该做什么。

10年后，学校的全体教职人员、学生和许多家长在学校集会上，目睹我荣获了数学、科学和技术学科的“总理卓越教学奖”。

这是我获得的第一个重要的 又陆续获得了 4 个。

我已经写完了我的第一本畅销书， 邀在国际教师论坛上发言。

29 年的教学生涯过后，我主动提出退休。

“我可以帮助你改变你的学生。”

本书将向你呈现那些我激励学生并改变他们人生的教学策略与捷径。

贾斯汀是我 29 年教学生涯里最难教的学生，他曾记录下我是如何彻底改变了他的人生：

我可能是格拉瓦茨老师职业生涯里最难教的班级里最难教的学生了。

我六年级来到他的班的时候，背负着沉重的负担。这是一所在低收入社区里的崭新的学校，在这 30 多人的、拥挤的教室里，我跟许多学生一样，来自一个破碎的家庭——单身母亲用微薄的收入艰难地抚养着两个孩子，在当地一间工厂做苦力，大多数时间都没有工作可做。

12 年的生活里，我的家庭还有邻里之间都充斥着暴力，小小年纪的我极易受影响，从此近墨者黑。

大多数老师在第一周就提出了调任申请，格拉瓦茨老师是我们班第一位真正意义上的老师。

每天来上学的孩子们都有上述提到的那些问题，我想其中也不乏饿肚子的、生病的，他们没有，也不可能有多大的求知欲。

格拉瓦茨老师意识到了这点，他发现，要想让我们学习，就要让我们不被这些外界事物所牵绊。他需要找到可以让我们兴奋起来的东西，使我们忘记周围的糟心事，哪怕只是从早上九点到下午三点半这段时间，然后再看看效果如何。

技术是实现这一目标的方法。

我们所有的学生，或者说其中的大多数人都没有电脑。而且由于我们以前的学校一贫如洗，几乎没人知道如何开机，更不用说用电脑写文章并通过互联网发送出去了。

坦率地讲，这个方法奏效了！

但他也确实遇到了一些困难。当时，尚未被发现有领导才能的我带领着一群学生胡作非为。

另外，教患有ADD[①]和ADHD[②]的孩子学会“盲打”也困难重重。

①ADD（Attention Deficit Disorder）：注意力缺陷障碍
②ADHD（Attention Deficit Hyperactivity Disorder）：注意力不集中症

回首过去，那时我们逐渐不再在课堂上捣乱，反而更关注手头上的新任务：研究电脑并在电脑上敲出一个个故事。我们把这些故事拼凑起来，做成一份电子报刊，发送给全世界的学校。

天哪！我们中的大多数人从未离开过自己所在的社区，而现在却可以和新西兰的孩子们交流了！

而这就像是滚雪球。

格拉瓦茨老师把我们的所作所为广而告之，一瞬间，CFPL 新闻（我们当地的一家互联网媒体）、TVO[1]、环球电视台、伦敦自由通讯社和《多伦多星报》都来采访我们。

我们发现无论我们身处的环境如何，只要我们专注于某件事，就可以大展拳脚。

格拉瓦茨老师只教了我们一年，但他传授的东西却使我们受益终生。

在这一年间，无论我在他的课上做什么，格拉瓦茨老师都从未放弃我，反而教会我不能自我放弃。

我敢保证如果你遵循这本书中的教学策略，你的教学

①TVO：扎根安大略的网络媒体，关注当地时事新闻，并向公众提供教育类数字技术支持，同时也是一家公共机构和慈善机构。

水平会比现在更上一层楼。我也保证，你会在改变和激励学生、使他们成为最好的自己的过程中获得满足感。

不要做一名拖延的老师，让自己错过这个成为受学生尊敬的教育者的机会。成为一名备受学生尊敬的老师吧，循循善诱地让他们爱上学习，让他们成为热情洋溢、求知若渴的学习者，也成为一名令其他老师啧啧赞叹的老师。

那些为目中无人、缺乏学习动力的学生而头疼的老师，在运用这本实用手册中的教学技巧与策略后，都已取得了巨大的成功。

来自世界各地的老师们不仅改善了自己的生活，也改变了学生的人生。

你会发现本书全是简单易行的教学策略、技巧与小窍门，它们会帮助你解决课堂上各种各样的问题！

相信我，无论你当前的处境如何艰难，我都能为你提供有效解决的办法。无论你的专业水平如何，以我29年的教学经验为证，书中丰富的教学策略对各类教师都有借鉴价值。

第一章

建立基础

自我了解

“浑浑噩噩的人生不值得过。”

——苏格拉底

“人们无法通过跳槽到‘热门’行业或采用特殊的职业指导秘籍取得成功，而是在探索自己究竟是谁的过程中不断成长，并将这种精神带到他们真正热爱的工作中去。”

——波·布朗森[①]《我的人生该何去何从呢？》

成功的课堂教学不是魔术般凭空出现的，它始于课堂中最重要的部分。

这一部分决定了每一名学生在一天中、一个学期里乃至一个学年里的成功，这个最重要的部分就是你！

你，决定了成败。你要以身作则，引领学生，影响学生。不要盲从他人的意见。你才是课堂上的决定性因素，你是打牢基础的第一块石头。

① 波·布朗森（Po Bronson）：美国罕有的“什么都能写，写每一种书都畅销”的写作奇才，成名作是一本金融业讽刺小说。

海姆·吉诺特[1]博士的这段话一语中的：

“我得出了一个可怕的结论：我竟是课堂的决定性因素。我个人的教学方式创造了课堂环境，我的日常情绪影响着课堂氛围。作为一名教师，我拥有一种惊人的力量，操纵着孩子们生活中的喜怒哀乐。我可以是折磨人的刑具，也可以是激发灵感的工具。我可以对学生冷嘲热讽，亦可使学生如坐春风。

在任何情况下，我的回应可以化解危机，亦可加剧危机，我的回应也决定着孩子是否能拥有优秀的品格。”

想要在课堂上取得成功，你需要了解你自己，要自信、舒服地做自己，以此向那些从未体验过成功的学生展现成功的真容。如果这些学生想要体验成功，他们必须在你的身上看到成功。你必须散发着成功的气场，成为他们成功的榜样。

细致入微、认真客观地审视自己才能自我了解。对自己诚实，这不一定是个痛苦的过程。直面自己的弱点、局限、恐惧和疑惑绝非易事。

你的优势、希冀、梦想和目标是点燃智慧课堂的星

① 海姆·G. 吉诺特（Haim G.Ginott）：儿童心理学家，家庭教育家，教师。

星之火。当万事都不如意时，是这星星之火使你远离那些暗无天日、愁云惨淡的日子。每位老师都会有这样的经历。你必须克服它们，以必须成功的决心触底反弹。

如果你无法直面自己的弱点、局限、恐惧与疑惑，那么你的学生就会占得上风。他们会感知到你情绪的触发点，做决策时的那个按钮和压力点。你必须比学生先找到它们。

那么，怎样才能真正地了解自己呢？

以下问题会对你有所帮助：

◎你喜欢/不喜欢自己哪些方面？

◎是什么促使你成为一名老师？

◎你有哪些爱好、兴趣和特长？

◎你喜欢/不喜欢孩子的哪些方面？

◎如果可以随心所欲，你想要做什么？

◎你最难忘的时刻是什么？

◎为什么会如此难忘？

兴趣量表

这是我发现的一个帮助自己发现兴趣与特长的方法。高中时，我做过一个笼统的兴趣量表调查，结果显示我对写作有极高的兴趣，因为我热爱阅读。

大学毕业时，我又做了斯特朗兴趣量表®职业评估调查表，这是一个职业兴趣评估工具。不出所料，英语教师这个职业紧随律师和记者，位列第三。我还通过量表知道了自己最不感兴趣的学科和职业是什么。那时候，我并没有太过在意它与我未来职业选择的关系。但教书多年之后，表中所示的那些弱点都一一在我的课堂上显露了出来。

兴趣量表可以指出你的疑虑！知道自己的弱点使我受益匪浅，我通过参加课外课程、向同事寻求帮助、向自己的学生征求意见等方式增强了我各方面的技能。

自己发现自身弱点比通过学生或工作评估发现容易得多。

我使用并推荐的其他个性测量方案有：DISC 性格测试系统®① 和 MBTI 迈尔斯布里格斯类型指标®。

两种个性测量方案都可以告诉你：

◎ 你是哪种类型的人

◎ 你对公司的潜在贡献

◎ 你喜欢的工作环境

①DISC 性格测试系统：Dominance（掌控型）、Influence（影响型）、Steadiness（沉稳型）、Compliance（严谨型）四种性格特点为基准的一系列测量表。

◎ 你的领导风格

◎ 你的潜在缺陷是什么

◎ 你擅长什么

◎ 你可能不擅长什么

◎ 你的行事动机是什么

◎ 如何行事效率更高

这些信息非常实用！掌握所有这些信息之后，下一步就是了解他人对你的看法。

（我自认为了解自己20多岁的儿子，直到他给我看了他的迈尔斯布里格斯类型指标后，我才惊讶地发现自己并不完全了解他。现在的我才更加理解他的行事原因！）

认识自己

教师往往戴着很多顶帽子，扮演着许多角色，展现着各种各样的面孔。学生眼中的“你”有别于你的同事、领导或家人所看到的“你”。初次踏入校园时，你戴着怎样的面具呢？是否时常感到愉快轻松？是否面带微笑，迈着自信的步伐？是否挺直腰背，扬起下巴，步履如飞？或者，看上去愁云惨淡，半死不活？是否脾气暴躁，耷拉着肩膀进入教室？你的同事是否认为你是个积极向上的人？或者你是一味抱怨，把他人也一并拖垮呢？

你是否真诚、守时、礼貌？你会以开放的态度倾听他人吗？

你是否言必信行必果？

你是否处事灵活？

你对突然出现在你教室外面的家长做何反应？是张开双臂欢迎他们，还是草草招呼，仓促回应？尤其是在他们已不愿支持你的工作、对你挑三拣四的时候，你该如何做出回应呢？

学生们对你最常有的评价是什么？他们会列出你的哪些特点呢？何不问问他们，让他们写下喜欢和不喜欢你所做的三件事，结果可能会让你大吃一惊，特别是当你自认为很了解自己的时候。

虽然他们也会强调一些你已知的内容，但也可能会让你知道你需要改进之处，以及你需要与学生在哪些方面更好地进行沟通。

那么，你希望他人如何看待你呢？回想一下你曾经的老师们，你最喜欢他们什么，最不喜欢什么？哪些老师激励并启发了你？他们做了什么使你成为最好的自己？

你不喜欢哪些老师？为什么？他们做了什么让你产

生这种感觉？你的熟人和朋友们呢，他们身上有哪些你喜欢或不喜欢的特质？为什么你会和他们成为朋友？

再想想你的伴侣，你们初遇时，是什么吸引了你？你伴侣身上的哪些品质对你的个性或生活产生了影响？再想想其他家庭成员、亲戚朋友们，他们每个人有哪些特质？有什么吸引你的地方？

基于所有的这些信息，你希望他人如何看待你呢？希望学生如何看待你？他们的父母、你的同事和学校管理人员呢？你希望他们看到多少真实的你？你想让你的学生看到你是快乐的、生气的还是振奋的？你是否自在地分享这些情绪呢？

在一所我曾任教5年的学校里，我的同事和学生在一次表彰大会上列出了如下清单（有时你会惊讶于别人对你的看法！）：

欣赏格拉瓦茨老师的十大理由：

10. 他的冬季无边帽

9. 他有应对各种场合的领带

8. 他收集学生的鞋子，这些学生借了他的学习材料却从未归还

7. 每周五的法语宾果游戏[①]

6. 博纳旺蒂尔梅多斯公校[②]主页

5. 他那些有趣、没有结局的故事

4. 他上网冲浪

3. 他是网站管理员

2. 他是“K 歌之王”

1. ……

此刻你才直面自己的优势和弱点，也知道了自己的局限和期望。你一旦适应了自己是谁并且觉得已经真正地了解自己，发挥自己的优势并利用学生的优势将会变得更加易如反掌。同时，帮助学生扬长避短，提升优势也会更加容易。只有当你接受了“你”，你才能接受你的学生。

比起假装擅长某事，我发现向学生承认自己并不会唱歌、跳舞、绘画或其他许多事情更加容易。当你终于能向自己和他人坦承自己的弱点时，这是一种解脱，尤其当你是一个隐藏的完美主义者。

每天带着这样的态度去上课，你会从学生那里学到很

① 宾果游戏：一种填写格子的游戏，在游戏中第一个成功者以喊“Bingo”表示取胜而得名。

② 博纳旺蒂尔梅多斯公校：加拿大安大略省伦敦的一所公立学校。

多，他们也会跟你学到很多。在他们面前做自己，每天都决意做到最好。如此一来，你就向真正改变学生迈出了第一步。因为你的全力以赴会同样激励他们全力以赴。

下一步：

1. 复习并回答“自我了解”一章中的问题。

2. 网上自行下载并填写斯特朗兴趣量表®职业评估调查表和迈尔斯布里格斯类型指标的个性档案 / 兴趣量表。

3. 尝试填写几个可快速完成的免费性格测试表。

了解学生：第一部分

收集信息：第一部分

了解你的学生是促使学生形成积极正向的行为方式的首要工作，这会帮助你成为一名高效教师，减少学生无视规则的行为，形成秩序井然的班级，也是接下来为班级建立基础要做的事情。

想要做到这一点，方法众多。

首先查看现有学生的档案。在加拿大安大略省，学生档案被称作“安大略学生档案”或“安省学档”。每个学年初，管理部门会要求我们填写每名学生的调查表，学习资源老师负责审查表中的信息。我们会标注好需要额外帮助和资源支持的学困生。

收集这些资料之后，你就可以根据不同年级学生的需求更好地制订个性化的方案。

“了解学生”班级调查表

（每页 5 名学生）

“安省学档”班级调查	教师年级：	日期：

姓名					
父母 / 监护人					
监护人					
现居地址： 电话号码：					
出生日期（年月日）	__ __ __	__ __ __	__ __ __	__ __ __	__ __ __
入学（9 月 1 日）年龄	__年__月	__年__月	__年__月	__年__月	__年__月
留级	是 / 否 年级____	是 / 否 年级____	是 / 否 年级____	是 / 否 年级____	是 / 否 年级____
教育经历（自幼儿园）					
缺席 / 迟到（去年）	缺席____ 迟到____	缺席____ 迟到____	缺席____ 迟到____	缺席____ 迟到____	缺席____ 迟到____
特殊教育 / 二语教育（请圈出）	特殊教育 二语教育	特殊教育 二语教育	特殊教育 二语教育	特殊教育 二语教育	特殊教育 二语教育
特殊教育形式					
上一阶段早期鉴定（请圈出）	社交情绪 身体问题 语言 学习能力	社交情绪 身体问题 语言 学习能力	社交情绪 身体问题 语言 学习能力	社交情绪 身体问题 语言 学习能力	社交情绪 身体问题 语言 学习能力
测试成绩	阅读____ 写作____ 数学____	阅读____ 写作____ 数学____	阅读____ 写作____ 数学____	阅读____ 写作____ 数学____	阅读____ 写作____ 数学____

已有资源支持（特殊教育？）					
最近一次与家长会面日期					
社交情绪问题					
身体问题					
语言问题					
数学问题					
暴力事件报告					
停学通知					
心理鉴定报告					
学习与行为报告					
机构介入					
视力测试					
听力测试					
曾用药物					
职业疗法					
言语能力/语言					
其他					

应管理部门要求，我在准备提交调查表的同时，也

在制订我为学生准备的个人调查表。我把注意力放在去年的成绩单上，制订了以下针对每位学生的调查表：

个人调查表

学生姓名	
出生日期	
教育经历	
上一学年老师	
发展性阅读评估	
标准化考试	阅读 ______ 写作 ______ 数学 ______
上一学年成绩单______英语	阅读 ______ 写作 ______ 口语 ______
上一学年成绩单______数学	数字感知能力与计算 ______________________ 计量 ______________________ 几何学与空间感知能力 ______________________ 图形与代数 ______________________ 数据管理与概率 ______________________
上一学年成绩单______学习能力与习惯	责任感 ______________ 独立学习能力 ______________ 主动性 ______________ 组织能力 ______________ 合作精神 ______________ 自我调节能力 ______________
优势 / 喜欢	
劣势 / 不喜欢	

我把这些信息输入到电子表格或按字母顺序整理到一个活页夹中。

回顾这些数据，以便更好地了解班上的每位学生。我也会关注成绩单上“优势 / 喜欢 / 劣势 / 不喜欢”这个部分。随后反思并认真思考，找到在接下来的一学年里帮助该生的最佳方案。

开学第一天和第一周，我会以其他方式收集更多的学生信息。例如，每学年初测试一次学生的拼写能力，之后在每学年结束时再测试一次，与最初的测试进行比对。

为了评估阅读能力等级，我组织一场标准阅读测试课程。第一天会进行三组测试，每组限时三分钟。第二天再进行同样的三组测试。这种方式让我初步了解了学生的阅读能力，并为分组阅读提供了参考信息。学年结束时，我会用第一次的三组测试进行复测（我也会在第一学年开始的前 6 ～ 7 周，使用“发展性阅读评估”又称“发展阅评”来评估学生阅读能力）。数学方面，我会用有难度梯度的题目对学生的算数（加减乘除）能力进行一个快速的查验，同样地，在学年末进行复测以便查看学生是否进步。

下一步：

1. 向你的领导、任课老师，还有其他教师寻求关于学生考试的建议。

2. 组织阅读和拼写测试。

了解学生：第二部分

收集信息：第二部分

以下是在开学第一天、第一周和第一个月收集学生信息的其他方法。

我多年来屡试不爽的一个方法是“自传项目”，项目的第一步是名为“了解自己”的调查：

了解自己

尽你所能回答以下问题（不知道如何回答的问题可空出）。

1. 我的名字是 ________________

2. 出生日期 ________________

3. 出生地________________

4. 有多少兄弟姐妹，他们的名字是________

5. 五个词描述自己________________

6. 我最喜欢的书 / 故事 / 电脑游戏是________

7. 我最喜欢的电影 / 电视节目是________

8. 我最喜欢的电影明星、歌手、电视明星是______

9. 我最喜欢的运动或爱好是 ______________

10. 我最喜欢的食物是________________

11. 我最喜欢的餐馆是 ________________

12. 我最喜欢的颜色是 ________________

13. 我最好的朋友是 __________________

14. 我最喜欢的动物是 ________________

15. 我喜欢与朋友一起做的事是___________

16. 我独处时最喜欢的活动 _____________

17. 我能得到的最好奖励是______________

18. 我的英雄是______________________

19. 我最喜欢的科目有 ________________

20. 长大后我想成为 _________________

21. 本学年我想在学校有所进步的事情是 ______

22. 我不能忍受 ______________________

23. 想问老师一个问题 ________________

24. 悄悄地说！！我最害怕的是 ___________

进行该调查的目的有三。首先，我可以利用收集的信息与学生私下建立联系。其次，这些信息可以让学生和课程的联系更加紧密。最后，基于这些信息，可以进行接下来的“了解自己”海报制作活动。

不要放过任何与学生建立联系的机会。

以下案例可以说明我是如何运用这些信息与学生建立联系的。

某一年，班级里有三位喜欢踢足球的学生（两女一男）。我利用这一信息，将一些运动故事，尤其是足球故事带入我的课堂。

当我们在体育课上踢足球的时候，这三位学生自然就成为小组组长。我还在课余时间组织足球活动。

学年末，他们非常感谢我能让他们在课余时间踢球。（我十五年后遇到了其中一名学生，他告诉我他在大学从事足球运动，这让我想起读五年级的他在班上踢足球的日子。）

了解学生的兴趣可以帮助你与他们在其他方面建立联系。我会从班级图书馆里挑选与学生兴趣相关的书给他们读。私下谈话时，我也会提到一些他们感兴趣的文章、电影或者真人秀节目。这些都展现了我对他们的关心。这样可以建立起你与学生之间的积极联系，使你成为一名高效教师。

“了解自己”海报制作是第一周的活动。我会把这些海报贴在布告栏上，家长参加“晚间教师见面会”时就可以看到。（当晚，家长来到班上，我也会请他们填写这张海报，这是一个很好的破冰活动。有一年，一位家长惊讶地发现自己是儿子的英雄。）在我与其他家长交谈时，这个活动也会让大家有事可做。这一晚虽然不是专访活动，但有时会让人产生一种这就是专访活动的错觉！

多元智能调查表

虽然霍华德·加德纳在 1983 年提出的学习风格与多元智能理论已经引起了争议，但我还是很喜欢和学生一起进行这个活动。这种发现学生优势与弱点的方法很有趣。学生也喜欢通过这种简单易行的活动更多地了解自己。

那么准备好迎接惊喜吧。有一年，一名学生喜欢在我上课时起身走到讲台上。看过他的多元智能调查后，我注意到他的所有回答都可以归为身体运动型和自我认知型这两种。后来我又在家长见面会上见到了他的父母，并从他们那里了解到更多关于他的信息，原来他的父母在家中也注意到他有同样的举动。这些信息帮助我了解该生并为他设置了更好的课程。

我向学生解释什么是霍华德·加德纳的八大智能（如下所示），并请他们填写《多元智能调查问卷》，最后我会用图表整理调查结果。

加德纳的八大智能：

◎ 语言文字智能指个体分析信息，用口语和书写形式完成任务，例如演讲、写书和写邮件。

◎ 数理逻辑智能指进行等式运算、证明、计算和解决抽象问题的能力。

◎ 视觉空间智能能够使人理解地图以及其他类型的图形信息。

◎ 音乐智能使个体能够制造并理解不同类型的声音。

◎ 自然智能指能够区分自然界中已知不同类型的植物、动物和天气形态的能力。

◎ 身体运动智能指个体需要运用身体完成任务或解决问题。

◎ 人际沟通智能反映了人识别并理解他人情绪、愿望、动机和意图的能力。

◎ 自我认知智能指人识别并反省自身如上特点的能力。

多元智能调查问卷

姓名：________________________________

说明：在符合你情况的描述前打钩。

语言文字： □我喜欢在电话中交谈 □我喜欢写日记和/或写故事和文章 □我喜欢玩填字游戏和其他文字游戏 □我喜欢去图书馆读和/或书店买新书 □我在私人时间宁可读书也不看电视 □听他人读书或收音机更有助于我理解，而不是看电视或电影 □每当我看到一个标志或广告牌，我必须花时间读它 □经常有人告诉我，我能很有效地表达自己的观点和想法	数理逻辑： □解决问题对我来说一直很容易 □我喜欢识别、创造并将事物分类或列表 □在脑海中对数字进行加、减、乘、除对我来说很容易 □我喜欢脑筋急转弯和需要逻辑思维的游戏，例如猜谜 □我总是在脑海中寻找事物合理的模式和顺序 □将观点放在图形或图表中更容易让我理解 □跳棋和象棋是我最喜欢的两种棋类游戏 □我善于估算
视觉空间： □我经常在课堂活动或打电话时涂鸦 □我喜欢在私人时间涂涂画画 □我方向感很好 □我读书时，可以看到故事在我脑海中上演 □我了解色彩组合并且可以进行很好的色彩搭配 □相对于其他数学知识，几何对我来说更容易 □我喜欢玩拼图、迷宫和/或其他视觉谜题 □我喜欢画连环画	身体运动： □我坐着的时候喜欢动、敲打或者坐立不安 □我喜欢课堂上可以离开座位的活动 □我擅长大多数运动 □我喜欢使用工具来做事情 □我总是对事物运行原理很好奇，有时会把事物拆解来寻找答案 □我宁愿动手展示如何做某事，也不想用言语解释 □我有健康的生活方式 □我会参与极限运动例如单板滑雪、皮划艇和/或山地自行车

音乐韵律： □我工作或散步的时候经常哼歌 □我喜欢写歌和／或编曲 □我在校外上音乐课并且很喜欢 □我知道许多不同歌曲的曲调 □大家经常说我有美妙的歌喉 □我经常在业余时间听音乐 □听音乐能让我更好地工作 □跟上音乐节奏对我来说很容易	自然智能： □我能够注意到树木、花朵和自然界其他事的异同 □实地考察是我最好的学习方式 □我喜欢观察鸟类 □我擅长预报天气 □我可以叫出不同种类昆虫和动物的名字 □我喜欢学习恒星、行星和宇宙方面的知识 □我收集岩石和／或贝壳 □我关心环境，所以我参加了环保项目
人际沟通： □我喜欢与他人交谈 □和朋友在一起时，我认为自己是领导者，而不是追随者 □我的朋友们经常寻求我的建议 □我更喜欢团队运动而不是个人运动 □我宁愿花空闲时间与朋友们在一起也不愿独处 □在班级里，我喜欢做集体项目，参加集体活动 □我喜欢教导别人 □我经常与朋友谈论我的个人问题	自我认知： □我经常被认为是一个安静和／或害羞的人 □我很有好奇心，会问很多问题 □我清楚自己的优势与弱点 □我善于分享自己的感受或想法 □我会坚持用日志或日记来记录我的想法 □有些人会认为我意志坚强并且独立 □我清楚自己想要什么并为之努力 □当遇到个人问题时，我喜欢自己想办法解决

收回表格并将结果填入《多元智能班级概况表》中，让自己对班级里学生的多元智能情况有一个快速直观的了解。

同时，准备好迎接惊喜吧。有一年，我的绝大多数学生都是身体运动型，所以那一年我们的体育课和舞蹈课都非常精彩！

在取得学生的同意后，我会将他们的多元智能结果贴在布告栏里，这样做也是为了让学生能够了解他们的同学。并且会在“晚间家长见面会”时贴出结果。

多元智能学生个人概况表

语言文字	数理逻辑	视觉空间	身体运动	音乐韵律	自然智能	人际沟通	自我认知

多元智能班级概况表

学生数量								
	语言文字	数理逻辑	视觉空间	身体运动	音乐韵律	自然智能	人际沟通	自我认知

关于学生的信息，最有价值的来源之一是他们的父母。

我会把《学年目标》分发给学生，告诉他们这张表单是给他们父母的家庭作业，并向他们的父母示范如何填写。

这张表单是很好的信息来源，谁会比父母更了解自己的孩子呢？这项活动旨在让父母参与到孩子的教育中来。也可以请父母们与全班分享自己的才艺或技能，作为邀请他们参与的方式。

我的一位同事使用了一个小技巧，他将这份表单邮寄给学生，并告诉学生注意查收，然后将表单交给父母，作为家庭作业。由于现在很少有人收到个人信件了，所以这一举动的影响是巨大的。

一些校长会鼓励老师在新学年开始之前就与家长取得联系。

《学年目标》

学生姓名：________________________________

亲爱的家长 / 监护人：

新学年伊始，我邀请您协助我，帮助您的孩子理解并达成他 / 她的个人目标与学业目标。请尽可能详细地填写以下问卷。您的宝贵见解将帮助我为您的孩子尽可能提供最好的学习环境。我希望您在填写这份问卷之前，可以花些时间与您的孩子探讨这些问题。

1. 您觉得孩子达成目标的动力是什么？

____

2. 您的孩子在学校参加什么活动？校外活动呢？

____

3. 您的孩子有哪些强项？

____

4. 我如何帮助您的孩子满足他 / 她的需要？

____

5. 您希望看到您的孩子在以下方面取得进步：

____

6. 您的孩子在以下方面需要特殊关注 / 帮助：

____

7. 您给孩子的学习习惯打几分？您给孩子的行事习惯打几分？（1 分为差，5 分为优秀）

____

8. 您希望学校的项目 / 活动 / 集体游览的主题有：

____

9. 如有其他需要我了解的信息，请分享：

____

10. 您有什么可以与全班分享的才艺或技能吗？例如，您是艺术家或者音乐家？您愿意与全班分享您的职业生涯吗？

看到您向我们分享您的专业经验，大家都会非常开心。

____

11. 您最方便接电话的时间是？

____

12. 您最方便联系的电话号码是？

____

家长签字________

谢谢您！

老师签字________

下一步：

1. 参照本书制作并打印（可自行编辑）“了解自己”调查表、“了解自己”海报、《多元智能调查问卷》《多元智能学生个人概况表》和《学年目标》。

2. 准备一本活页夹或电子表格，以备储存信息之用。

3. 在开学的第一个星期，对 5 名学生进行调查。

4. 必要时请更新信息。

建立融洽关系

“没有服从就没有教学，没有信任就没有服从，没有融洽关系就没有信任。”

——佚名

“每个记得自己教育经历的人都会记得他/她的老师，而不是教学方法和技巧。老师是教育的关键。他/她决定了课程项目的成败。”

——西德尼·胡克[①]

建立基础的下一步是建立融洽关系。要成为一名高效教师，你需要与学生、家长和教职员工之间建立融洽的关系。

罗伯特·乔治·李的《人际关系十诫》和《人际关系七言》总结了建立融洽关系的方法：

① 西德尼·胡克（Sydney Hook）：美国著名的实用主义哲学家，杜威的得意门生和得力助手。

《人际关系十诫》

（1）与人交谈：一声愉快的问候胜过千言万语。

（2）对他人微笑：皱眉牵动 72 块肌肉，而微笑只需 14 块。

（3）叫他人的名字：最甜美的音乐莫过于听到自己的名字。

（4）亲和友善，乐于助人：欲成友人，必先友善。

（5）热情友好：言行举止间表现出对每件事发自内心的愉悦欣喜。

（6）真诚地对他人表示兴趣：试一试，你几乎可以喜欢任何人。

（7）大方地赞扬他人——谨慎地批评他人。

（8）体谅他人的感受：一场争论通常涉及三方——你、别人和正确的一方。

（9）注意为他人服务：生活中最重要的是我们为他人做了什么。

（10）加之良好的幽默感、足够多的耐心和小小的谦逊，你将会得到成倍的回报。

《人际关系七言》

最重要的六个字：“我承认，我错了。”

最重要的五个字：“你做得很好。”

最重要的四个字：“你怎么想？”

最重要的三个字：“麻烦你……”

最重要的两个字：“谢谢。”

最重要的一个词：“我们。”

最不重要的一个字：“我。”

一旦你对学生有了一定的了解，你就可以开始与全班发展融洽关系了，同时还可以开始与个别学生建立融洽的关系，尤其是那些可能需要额外关注的学生。

制作生日表格，列出所有学生的生日是一项可以有效促进融洽关系的活动。当学生发现，开学第一天他们的生日就被记录在一张表格里，会觉得莫名温暖。

开学第一天，我还会组织其他活动来提高班级凝聚力。其中之一就是记忆技巧练习，这个活动可以让大家记住彼此的名字。

活动规则是这样的。学生围坐成一圈，每名学生想出一句歌谣或短语来介绍自己的名字：罗伯特喜欢打排球，吉姆喜欢游泳，戴娜是个舞者等等。每名同学先说自己的名字再说出短语。

圆圈里的下一名学生要说：“他是吉姆，喜欢游泳。我是戴娜，是个舞者。”轮到最后一个人的时候（通常是作为老师的我），大家都已经重复多次听到过在场每个人的名字。这个方式非常好，不仅可以让学生记住彼此名字，而且对作为老师的你来说也一样。

一旦学生知道了彼此的名字，我们就可以进行下一个活动了。“交友寻宝”游戏可以让你更好地了解班级和学生。

下表列出了游戏任务，例如“找到一个人：他是学校新生；他游历过三个国家；他是左撇子；他是家中老大；他见过两个大洋”等等。

交友寻宝游戏任务表

结交新朋友

姓名 ________________________

日期 ________________________

找到班上符合以下描述的一位同学，请他 / 她在横线上签字。即使你没有填满，也看看你能得到多少不同的名字，认识多少新朋友。

1. 比你高	2. 是左撇子
3. 步行上学	4. 有一头卷发
5. 没有兄弟姐妹	6. 名字所有首字母可以组成一个单词

7. 出生地是这座城市	8. 是学校新生
9. 今年夏天去野营了	10. 是家中老大
11. 有一只不太寻常的宠物	12. 集邮
13. 有一双蓝眼睛	14. 去年也在你的班级里
15. 加入了运动队	16. 去过迪士尼乐园
17. 名字中有八个字母	18. 收集硬币
19. 有过没能达成的目标	20. 有雀斑
21. 这个月过生日	22. 去过两个州旅行
23. 有一头长发	24. 在另一座城市出生
25. 住在一间公寓里	26. 戴眼镜
27. 上音乐课	28. 会吹口哨
29. 刚刚乔迁新居	30. 见过两个大洋
31. 是家中老幺	32. 有一部智能手机
33. 曾去过医院[①]	34. 喜欢阅读
35. 有一头红发	36. 缺了一颗牙
37. 吃过一种奇怪的食物	38. 以前从未和你说过话

最后，非常擅长 ________________________

① 在加拿大，孩子日常生活中很少会去医院，只有生重病时才会去医院。

我喜欢在开学第一天进行这个活动的原因有很多：

我可以马上对班级有一个大致了解。

开学第一天，我可以借活动的机会观察学生间的互动，从中了解学生的性格，看出谁是天生的领导者、追随者；谁自尊心强，谁又缺乏自信；谁喜欢大声讲话，活蹦乱跳，谁又容易害羞，喜欢安静；谁交友如云，谁又朋友寥寥。

我也可以通过这项活动准确找出那些需要额外帮助的学生，观察方式有两种，一是观察他们针对任务表中的问题，向我提问的次数，二是他们回答问题所花的时间。

利用寻宝游戏的绝佳机会，可以开展另一项融洽关系活动。我会给学生拍照和录像，做成我自己的视频时间胶囊，记录他们的进步（我稍后会说明时间胶囊这个项目）。在一个学年里，我会多次录下 2 ～ 5 分钟学生的高光时刻。这样我就会有一段 45 ～ 60 分钟的视频，然后在学年最后一天展示给学生们看。

这个活动让班上的每位学生与众不同，且不具有任何威胁性，因为它没有对错之分，也没有分数可得。如果找不到答案，我就让学生空出来，由全班一起讨论答案。我会收走任务表，但不会打分，学生们都知道。

既然是课堂作业，那么每名学生都有能力做。这样一来，他们就成功完成了第一项课堂作业。

这项活动可以很好地建立学生间的联系并引发讨论。例如，问题 2 是关于左撇子的学生，我们因此讨论了一个左撇子在一个右撇子占多数的世界里会遇到的所有挑战。

问题 5、10 和 31 经常会引发热烈的讨论。我会请没有兄弟姐妹的学生告诉全班同学他 / 她的生活是怎样的。之后我会请所有的家里面的老大起立，向全班说一说作为家中老大的好处与坏处。随后我还会请排行老二、排行中间、老幺、双胞胎和三胞胎们说一说。（我会避开领养和寄养儿童的话题，因为这个话题很敏感，不适合在还不了解学生和家长的情况下，过早地在班上讨论。）

问题 4、13、20 和 35 也会引发学生的诸多议论。这是一个谈论基因和遗传学的好机会，以此让学生了解他们为什么会有这些特征。

拓展活动

有一个团队建设拓展活动可与“结交新朋友”活动同时进行，那就是抛线球。

让学生们围坐成一圈，挑选一个话题以供思考。例如，“我了解了关于你的这件事”（一个关于这名学生的事）。

老师先演示这一过程，拿着线的一端，将另一端的球抛给小组内的一名学生，然后讲述一个关于这名学生的事。

这名学生也照做（即，拿住线的一端，将另一端的球抛给另外一名学生，并陈述一件关于那名学生的事），直到每个人都发过言，且与这张关系网中的某部分联系起来。

我们都彼此相连

这种联结意义非凡。从系统理论的观点来看，所有个体都能够，并且也确实会对其他个体产生巨大的影响。虽然我们不能预测这种影响何时产生，有何种程度的影响，但我们能预测的是它一定会发生。为了说明我们在课堂上彼此关联并且相互影响，我只是拽了拽线头，然后问学生们是否感受到了拉扯，他们都感受到了。我又让一些学生拉扯线头，我们也都能感受到他们的牵引。之后，我又让学生在感受到牵引的时候，也轻轻地拽一拽线头。这一次，我一拽线头，整个圆圈内的线都开始摇曳晃动。我解释说，就像这根线一样，我们的言行举止对他人会产生很大的影响。要说明这一点，我只需让学生们思考一下，他们今天从彼此身上学到了什么，这种影响可能显而易见，也可能细微难察，但从这个角度来看待课堂影响深远。

社交圈时间可以很好地拓展这项活动。学生们离开书桌，在地毯上按照安排好的社交圈围坐在一起。我通常把这个活动安排在周一早晨的头一件事和周五下午的最后一件事。有时我会带一些小零食让大家分享，然后每名学生分享一下在周末都做了些什么或者打算在周末做什么。有时我们会利用每周的社交圈时间进行一些话题讨论。我也会利用这个时间表彰那些实现了目标或对班级或学校做出了积极贡献的学生。我发现，社交圈时间是建立班级融洽关系，培养团队合作技能的一个好机会。

与家长建立融洽的关系

在前面，我们通过《学年目标》，开始与家长建立融洽的关系。我们会继续采取行动，并利用“阳光热线”这一简单有效的工具更加努力地与家长建立融洽关系。

这是一条给家长报喜讯的热线，它非常有效，原因有二：首先，那些经常在学校惹事的学生的家长通常接不到这类电话；其次，通常情况下，我们给家长打电话，是告诉他们一些坏消息而不是喜讯。

开学第一天，我做的头一件事就是去发现学生积极的举动。在忙碌但平和的一天中，发现一些积极向上的事情并不难。当发现了学生“某些”积极的举动，我就会通过“阳光热线”打给他们的家长。

开学之初，大多数学校都会举行晚间家长老师开放日；有时又会被称为“狭路相逢之夜”。开放日前一周是与家长建立融洽关系，增加家长参与度的好时机。我会通过“阳光热线”提醒家长参加活动，确保将孩子的积极表现也一并告知。随后我会问家长，对开学这几天是否有任何问题或顾虑。我也会让家长说一说他们想让我了解的孩子的相关信息。通常他们的回答都会使我惊讶，所以我非常感谢他们能分享这些信息。

有一年，我在一个非常小的镇上教书。小镇太小了，以至于镇上每个 12 岁的孩子都是我的学生。所以，我的许多学生都是我的朋友、邻居和同事的孩子。

学年伊始，我用“阳光热线”打给我的一位老师朋友。虽然他的儿子非常优秀，但他的第一反应是：“出什么事了？他做了什么？”这种反应居然出自一位了解我并且也知道孩子非常优秀的朋友！

想象一下，一位家长在开学之初的几天和几周里接到我打去的数通“阳光热线”电话，他/她会是什么反应。如果往常他们只会收到关于孩子的坏消息，那么这种反应尤甚。

“阳光热线”是一个好方法，它可以让老师在学年之初与家长以及需要大量帮助的学生建立起融洽关系。早早与他们建立融洽的关系，有利于在问题出现时鼓励学生们与你合作。除此之外，在你需要的时候，你还会得到家长的鼎力帮助。

如果可以早日得到家长的支持，学生的行为表现问题就会更容易解决。（我认识到，要首先给不能很好适应学校的学生家长打“阳光热线”。这种尽早积极接触会发挥很大作用，尤其是在未来你与沟通困难的家长和学生互动时。）

这种方法带来的益处不止于此，因为家长会主动联系你。

在安大略省的学校，家长在上学期间请假带学生出门度假的事情屡见不鲜。在我职业生涯初期，有一名学生说他们一家要去佛罗里达州、中东或者印度度假，我感到非常尴尬无语。对我来说，没有什么比上学更加重要，但是如果你注重家庭，这趟旅行会让你更明白家庭的重要性。不过学生也不是完全不用学习，以我收到的一封家庭度假请假信为例：

格拉瓦茨老师：

您好。在此想请您悉知，我将带吉尔去佛罗里达州的迪士尼乐园玩 6 天。因此，她会在周四（19 号）的午餐时间离校，并于 3 月 1 日周一返校。我也会联系学校办公室。这将是一趟寓教于乐的旅程，但也会非常忙碌。如果您有什么作业想让她带上，请您在周三前交给我。谢谢！

亲爱的格洛丽亚：

感谢您的来信说明此次美妙的佛罗里达之旅。

这样美好的经历实属难得，我希望吉尔能完成以下的事情：

1. 把每天的活动记到日记里，一定要记录下天气、主要游玩的城市、吃过的各色食物和一天中重要的事。

2. 从你住过的旅馆或去过的旅游办事处收集一份旅客手册。

3. 带回两份报纸。

4. 一定要买一本签名簿，尽可能多地收集迪士尼人物的签名。

5. 记录你遇到的人的不同的口音、用语和表达方式。

6. 准备好向全班讲述你的这次旅行。

祝你们旅途平安愉快，享受和家人在一起的时光。

格拉瓦茨老师

与教职员工建立融洽的关系

我的上一任校长，斯图·坎宁安将“拍拍背，谢谢你”活动引入我们这所全新的学校并介绍给全体员工。你可以在一张纸上画出手的轮廓，然后对某人表示感谢。

这个极其简单的动作，能够很好地表达你对某人的关心。不要将这个活动仅限于员工之间，它可以延伸到任何人身上——学生、家长、社区成员。

有一年，我做了一张“拍拍背，谢谢你”以表对我们学校音乐老师组织音乐会的感谢。她将这张“拍拍背，谢谢你”贴到了她的布告栏里，所有走进她教室的人都能看到。

十年之后，我退休的时候，那张纸仍然贴在她的布告栏里（它可能会一直在那里！）。对于如何建立融洽关系，这个事例简单却有力。

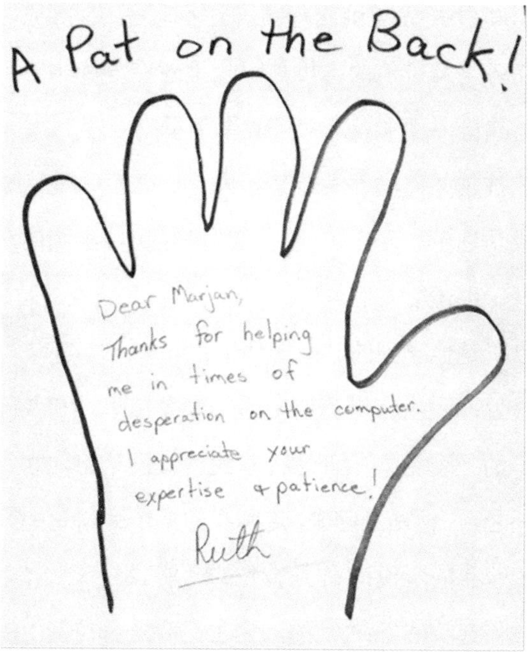

（“拍拍背，谢谢你！”

亲爱的马尔扬：

谢谢你那么多次在我对电脑绝望的时候施以援手。非常感谢你的专业和耐心！

露丝）

以下是前海军战士，曾为战俘的查尔斯·普拉姆上尉的一次人生教训，这件事说明了我们为什么要关心每个我们遇到的人。

查尔斯·普拉姆毕业于美国海军学院，是越南战争中一名喷气式战斗机飞行员。在执行了75次战斗导弹发射任务之后，他的飞机被一枚地对空导弹击毁。普拉姆弹出战机，跳伞后落入了敌军手里。

他被越共俘虏并被监禁了六年。之后，他从这场苦难中成功逃生。现在，他将从那段经历中学到的东西写进演讲，讲述给人们。

以下是他学到的其中一件事：

最近，我坐在堪萨斯城的一家餐馆里，和我隔着两张桌子的一个男人一直注视着我。我没认出他来。进餐几分钟之后，他站了起来，走到我的桌子旁，低头看着我，用手指着我的脸说："你是普拉姆上尉。"

我抬起头回答："是的，先生，我是普拉姆上尉。"

他说："你在越战中开喷气式战斗机，是小鹰号航母上的。你当时被击落，落到了敌人手里，还作为战犯被监禁了六年。"

我问："你究竟是怎么知道这一切的？"

他回答："因为是我为你打包的降落伞。"

我说不出话来，踉踉跄跄地站起来，伸出手郑重地感谢他。

这家伙也努力组织着语言，他抓住我的手，使劲晃动着我的手臂说道:“我猜它派上用场了。”

“是的，先生，确实如此。”我说道，“我一定要告诉您，我曾无数次祷告，感谢您灵巧的手指，但我从未想过，居然有机会能当面表达我的感激之情。”

他说:“所有的嵌板都在吗？”

“好吧！先生，我一定要跟您直说。”我回答，“那个降落伞18幅伞衣里,有15幅是好的。另外3幅撕裂了,但这跟您无关，都是我的错。我从喷气式战斗机里跳出来的时候速度极快，距离地面也很近，这就是伞衣撕裂的原因，并不是因为您打包的方式。”

“那么我想问您。”我说，“您一直追踪着所有您打包过的降落伞吗？”

“没有。”他回答，“对我来说，知道自己帮上忙就已经很满足了。”

那一晚我没怎么睡着，一直想着那个男人。我一直好奇他穿着海军军装会是什么样子——一顶迪克西杯帽，一件工作背心和一条喇叭裤。我不知道在小鹰号航母上究竟多少次与他擦肩而过，多少次与他照面却没能说一声“早上好”“你好”之类的话,因为我是一名战机飞行员,而他只是个水手。他花了多长时间，在舰艇内室的长木桌上编织吊索绳并一一叠好那些降落伞？我本来可以对此毫不在意，直到有一天，他帮我打包好了属于我的那顶降落伞。

想想看：人生中有多少次，你和那些给予过你最大帮助的人擦肩而过？那些从遥远的角落来到你的生命中，只是为了在你最需要他们的时候，为你装好降落伞的人？那些凡事多付出一些的人，那些不求荣誉、嘉奖、奖牌甚至奖金支票的人——那些仅仅只是打包了降落伞的人？

这就是我想给你们的挑战性任务。环视你所在的组织，寻找这样一种人，他们可能不是组织中的“顶尖人物”，也不是领导者，而是在组织里提供支持、使得“顶尖人物”们脱颖而出的人。也正是因为他们的工作，才没有人在出现问题时受伤，也没有顾客在出现问题时被忽视。

本周，在你的组织里寻找五名为大家“打包降落伞”的人，告诉他们你有多感激他们，他们为组织所做的事情是多么重要。到最后，也许正是他们拯救了你的性命或事业——或者至少拯救了那糟糕的一天。

下一步：

1. 打印（并根据个人需要编辑）“结交新朋友”任务表。

2. 制作“阳光观察表”和“阳光电话脚本”，在开学的第一周，每天通过“阳光热线”给五位家长打电话。

3. 制作“家长联系电话日志”，并且记录与所有家长的通话并存档。

4. 将新生的信息填入你的活页夹或电子表格中。

5. 为抛线球活动准备一个带纱线或绳子的球。

与每个学生建立融洽的关系

"善良的话语可能是言简意赅、脱口而出的，但却可以产生永不磨灭的回声。"

——特蕾莎修女[①]

"如果从目标、需求和动机来思考，就不难理解人们的行为。"

——托马斯·曼[②]

与班上的每个学生建立融洽的关系，是防止不当行为发生的最好方法之一，也可以称之为对班级的预防性维护。

在你进入校园或教室之前，就可以与学生们建立联系，以此建立融洽的关系。我曾任教的一些学校，上班时步行就能到达。我会对每个路过的学生打招呼。我上

① 特蕾莎修女（Mother Theresa）：世界著名的天主教慈善工作者，因其一生致力于消除贫困，于 1979 年获诺贝尔和平奖。

② 托马斯·曼（Thomas Mann）：德国作家。主要作品有小说《布登勃洛克一家》《魔山》等。1929 年获诺贝尔文学奖 。

一所任教的学校设有课前和课后的托管项目，学生在早 7:00 被家长送来课前托管，9:00 开始上课，放学的时候再回到日托班，他们可以一直在那里待到下午 5:00。

这对一些学生来说是漫长的一天。有时候，我会早早来到学校。这样，在上课前就有机会与这些学生和家长交谈。有时我也会在放学后顺便去看看学生。我借此机会了解教室外的他们，以便在重大问题出现之前随时与家长保持联系。

我任教的头一年，所在学校的许多学生和家长并不喜欢我教的科目。我当时教授四、五、六年级的法语课程。但我的课很难打动学生。直到有一天，一名学生邀请我去看他打冰球，虽然他觉得我不会出现在冰球比赛现场，但还是邀请了我。

当我出现时，他非常激动。更重要的是，我其他的一些学生和他是队友或对手，他们肯定也注意到了我正在看他们的比赛。但最让我惊讶的是男生们的家长的反应，他们无法相信一名老师会来观看儿子的冰球比赛，因为迄今为止，都没有老师来观看过任何冰球比赛。于是他们对我有了不同的看法。在那之后，我与他们建立起联系，也对他们有了除课堂外不同的认识。

如何获得家长的支持

很快，家长和学生对我的看法就不一样了。我不再是一名法语老师，而是一个对他们喜欢的事物也同样抱有诚挚兴趣的人。这件事发生后，我所教授的班级的氛围发生了变化。家长们经常来找我，和我抱怨孩子法语学习上的问题。但是只要我去看他们孩子的冰球比赛，家长们就会更加支持我的工作。这让我第一年的教学工作非常愉快。

抓住时机，观看学生的体育竞赛，或是参与舞台剧表演和乐队演出，或者任何其他的课外活动。

尤其是对那些让你非常头疼的学生更是如此，你投入的那一点点时间，可能会让学生度过截然不同的一天，它可能是沮丧的，也可以是成功的。

用体育运动抓住“调皮鬼”

对于许多爱捣乱的学生来说，体育运动是他们的强项，但运动并不是我的强项。由于我需要教授体育课，所以我请学生向全班（也包括我）教授他们最喜欢的运动——篮球、足球、橄榄球等等。如果你有条不紊地推行这种做法，就能让这些令人头疼的学生发生转变。试着培养他们天生的领导才能和运动天赋吧。

在我将一项体育运动引入体育课时，我会提前三周与一名令人头疼的学生谈话。我们坐下来，我会请他 / 她设计一份课程计划，并向该生提供所有我可以提供的资料，还告诉他 / 她可以找学校其他可能当过教练或运动员的教职工交流。如此一来，其他教职工也可以基于这个孩子的强项和天赋，从另一个角度来看待这名调皮的学生。我还教给这些学生一些社交技巧，教他们如何用恰当的方式做自我介绍，如何做访谈、做笔记，还向他们强调向他人当面道谢或手写感谢便签的重要性。我会每周与他们会面 1 ～ 2 次询问进展，并且让他们挑选其他 2 ～ 3 人做他们的助手，以此扩展他们的社交技能。

到了上课的当天，我就让这名被选中的学生来上课。他 / 她拿着哨子，像我平时上体育课一样带着全班上课。我们双方的角色互换了，我成为和其他人一起上课的学生。虽然是这名学生在上课，但我也会随时关注以防有问题出现，而问题也确实经常出现！这名学生，现在是老师，通常都会发现，管理班级、教授课程是多么不容易的一件事。

也有学生不愿意听从指令，他们会在“老师”讲话的时候窃窃私语，以此来挑战课堂权威或破坏课堂秩序，这时我就会让“老师”吹哨。

极端情况下，我会告诉这名学生，班上同学已经无心上课。这时就要让学生们排好队返回教室了。

一旦该生变得自信，找到了自己的步调，课程通常就会进展得非常顺利。当我和其他学生一样听从指令的时候，我可以从不同的视角来看问题，这时我是通过学生的眼睛来看待他们的。事实证明，这对所有学生、对这位“老师”以及我来说，都是一次很棒的体验。

我也将这个策略应用到其他科目上，例如舞蹈课，也收到了不错的效果。这个方法的另一个好处是，它还可以教会学生们领导技能。当你的学生升入高年级，再回到你的班上，自愿利用他们的技能和才华帮忙的时候，就是这个方法结出累累硕果的时候。

改变一名学生

开学前，我在查看学生档案时，注意到一名学生在五年间换了五所学校。在这五年间，她总共有 130 天缺课，现在要进入我五年级的班级。所有老师对她都没有哪怕一点点的正面评价，她的体育课甚至都挂科了！整个档案中也看不出她有任何强项。更糟糕的是，她曾经蔑视、反抗学校，对他人阳奉阴违，极难劝导。无论课上课下，她总是利用一切机会激怒老师，屡教不改。除此之外，从记录看来，她的家长也完全没有参加过任何形式的家长会或与老师电话联络。

得知这些信息后，我不得不积极准备，需要重点关注如何解决这名学生身上一些难以避免的问题。对于她，我下了大功夫。最先做的就是改变我对她的看法。一遇到她，我就与她握手，微笑着直视她的眼睛，说道："琳达（非本人真名），你会度过很棒的一年。"我让她坐在教室后排，与一名成绩优异，善于社交的女生同桌，还安排她与能够鼓励她尽力做事的学生一组。虽然琳达有些大大咧咧，小毛病不少，但她的笑容迷人而灿烂。

我在课堂上给她分配的第一项工作是记分员。开学第一天，每当学生们做对一些事情（例如，遵守课堂规则，举手回答问题，快速开始下一项任务，等等），我都会给他们加一分，并叫琳达记录。每次课上有正面积极的事情发生，我都会叫琳达的名字。琳达负责在板子上记录分数，统计，然后将每 5 分汇成一个字母〔一旦所有字母可以拼出短语"Let' s Celebrate Now"（庆祝时间到），我就会奖励全班一枚蛋糕〕。

每次看到她做对一些事情，我都会给予评价。琳达来的第一天，一填好兴趣调查表，我就了解到了她对马的兴趣。于是我马上找了一本适合她阅读水平的关于马的书，让她拿去阅读。开学的第一天，作为奖励，我将她带到办公室。校长和她单独交谈，奖励了她一张贴纸，并表扬鼓励了她。他还帮她联系了学校里另一位老师，那位老师和她一样对马感兴趣。那年夏天，那位老师刚好买了一片牧马场。开学前，我就和校长说过琳达的情况，并提醒他注意琳达。然后我还问他，是否可以在琳达做对了一些事的时候，让她去办公室见他！

她上学的第二天，我就给她的妈妈拨通了“阳光热线”。当我表明，打这通电话是想表扬她的女儿的时候，她的妈妈很惊讶。之后还告诉她，我让琳达去过办公室……因为她做得很棒！她的妈妈随后承认，其实她害怕和我谈论琳达。紧接着，我便向她发出了“晚间教师见面会”的邀请。

那么你究竟要怎样改变像琳达这样的学生呢？答案是累积跬步，将大目标化整为零。这是个卓有成效的方法，你还可以尝试用它去建立融洽的关系。在一整天的教学过程中，努力去捕捉学生做过的一些积极正面的事情。对他们做得好的事情要予以表扬。持续关注所有你给出的表扬与批评，看看是不是表扬多于批评？哪些学生获得了表扬，又是哪些学生被批评了？你从中发现了什么规律吗？如果有，如何改变这个规律使之更加完善？

正如马克·吐温所说:“只凭一句赞美的话我就可以充实地活上两个月。”

如果我们能改变对学生的成见，将他们与积极正面的事情联系起来，奇妙的变化就会发生。对那些经常麻烦事缠身的学生来说尤其如此。我们只需下定这样做的决心。

班级门口见

另一种与学生建立融洽关系并在这个过程中保持主动性的绝妙方法就是将开学第一天的惯例延续到整个学期。学生进入教室前，在班级门口迎接他们。在每个学生进入教室之前都要和他们说几句话，问一问他们周末过得如何，现在感觉怎么样，昨晚的家庭作业做得如何或者聊一聊音乐会 / 游戏。让他们和你说说体育赛事得分情况、最喜欢的运动员、歌手或者电影明星，还有任何其他的兴趣爱好都可以。如果有学生初来这个国家，我会尝试学几句他们国家的语言。可能是非常简单的“你好”“谢谢”或者 1 到 10 的说法。无论是什么，这些都会将学生与这个全新的国家，与你，联结起来。你还可以检查学生是否准备好了上课需要的课本、笔记本和笔。在门口迎接学生也是“检查学生态度”的好机会。

我的一些学生正在服药。如果他们看上去紧张不安、情绪激动或者心烦意乱，我会询问他们是否带着药。如果我看到有学生来上课，却焦躁不安，我会拒绝让他进入教室。如果他们在课下都不能保持礼貌、平静、镇定，那么他们上课时也不会有太大转变，很可能在上课时扰乱他人！相反，我会让这名学生坐在长椅上放松一下。他们可以去办公室、安静的房间或者资料室（他们可以在那里服药或者只是需要在这段时间离开一下教室）。这样做是让学生为自己的行为负责，而不是作为老师的我。

我还有一些学生需要增强自信心。我会像这样问：“罗伯，我今天早上问了你一个数学问题，答案是186。你还记得吗，罗伯？186哦？祝你度过美好的一天。”

我还会利用这个时间，问学生一些回顾性的问题，让他们回顾一下课上我让他们做过的事情或者我教过的内容。如果回答错误，那么他们就要排到进班的队伍末尾去。

如果回答正确，他们进入教室后，就要按照我第一天教给他们的程序来做。安静地坐到自己的座位上，然后开始做写在前方黑板上的题。这些题是课前作业，并不需要我在课上教，通常涉及一些简单的数学问题（题干有 75 ～ 100 个词）或者根据一段故事的开头进行简单的扩写，也可以是任何我需要他们复习或者快速巩固的内容。

让学生们在课前回答问题是我回顾前一天所教内容的好机会，也可以通过这些问题亲眼看看他们是否学习了下发的课堂材料。如果大部分学生不能很好地完成这项小测，那么一上课，我就会先帮他们快速复习一下。

颠覆性思维

我曾在长达五年的时间里，每天教超过 200 名的七年级学生。其中一些学生的行为非常难以管理。这些学生有一些经年累月养成的坏的行为习惯。因此，教导他们异常困难。

于是我运用颠覆性思维来接近他们，具体操作如下：

我会让最糟糕的一名学生在课间时来找我。我会给他一些钱，让他去自动贩卖机买两罐汽水。他回来的时候，我们两个一人一罐。之后我会多次提起那天或那周他做的一些积极正面的事情。关注学生的优点很重要，而不是缺点。这之后，我们就会随便聊聊。

这是一个简单却有效的策略，它颠覆了学生对于我这个权威形象的看法，这就创建起了我和学生之间的融洽关系，也让学生对自己有了不一样的看法。当你和学生之间发生了一些令人意想不到的事情时，这些事带来的惊喜会打破原本非常熟悉的常规。

我还运用其他激励措施将这个策略进行了拓展。我经常会拿出象棋棋盘，给学生们展示棋子。教他们棋子的作用时，我会设置一场兵卒棋或者两步将军棋。在教象棋的过程中，他们的行为会产生立竿见影的结果，下棋时每一步的责任都在自己。学生们很快认识到，想要赢棋，他们就需要知道象棋规则，制定一个短期和长期的计划，打下良好的基础，设置目标，然后冷静、平静、镇静地对待一些意想不到的结果。这也提高了他们的专注力、可视化能力和创造能力。

我的另一项激励措施是邀请学生和他的朋友们与我一起吃午饭。这并不是一种奖励，而是认识班上所有学生的方式。午饭吃什么任他们选择。事实证明，这又是一个倾听学生，与学生交谈并建立融洽关系的有效方法。

当你需要休息的时候

有时你需要离开学生休息一下，有时，学生也需要离开你休息一下！有时候，会有某个捣蛋的学生，出于某种原因，不能控制自己的行为。他/她可能不停地讲话，嘲笑其他同学，或者与你进行无休止的争论。除了可以让学生去办公室或者在课间留堂察看，还有另一种办法可以避免潜在的冲突升级。

找一位值得信任的同事，安排你的学生在他/她的课上休息一下。如果你同事上课的教室离你的教室很远，那就最好不过了，但也不是必需的。请同事带走你的一名学生，这名学生可以在课堂上帮助老师辅导其他学生，或者完成指定的作业。

当你发现有学生需要休息时，给你的教师同事写一张便条，像这样留言："丹需要离开我的课堂休息一下"。

这次休息是为了改变你、你的课堂和你的学生。作为报答，我也会在需要的时候，带走同事的难搞的学生。

这些品质，让我与众不同

让学生们通过这个活动，给自己一个"拍拍背，你很棒"：

学生们进行头脑风暴，想出五个让自己与众不同的品质。

学生们在一张空白的纸上描出自己手的形状，然后在每根手指上写上他们独特的品质。

学生们在手的下方，进一步阐释自己独特的品质。

一定要把这些贴到公告板上或者走廊里。

我的目标

学生们在一张白纸上写下一行他们的目标并加以说明。然后将这张纸贴到公告板上或者走廊里。

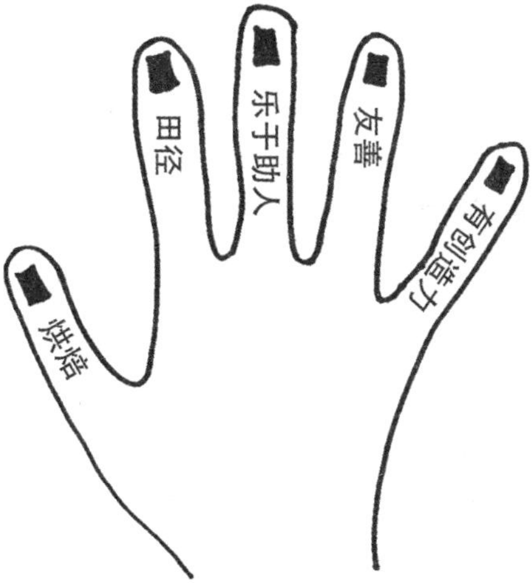

让我独一无二的特质有：我非常有创造力，喜欢艺术并且很擅长艺术创作。我对人友善，擅长交朋友。我善于帮助他人，因为当我需要帮助时他们也会帮助我。我喜欢田径，去年跳高比赛我得了铜牌。我喜欢烘焙，最开心的就是吃的时候啦。

课堂电话

幽默和教师的创造力对化解冲突大有帮助。以下是加拿大广播公司无线电网络下的一档收音机来电热线节目中的两个例子（其他例子也很多）。

帕蒂·埃利斯是一位高中教师，工作29年后退休，对课堂电话很有话说：

“我发现，你一定不要让学生和老师对立起来，我一般会用幽默的方式化解……最糟糕的一个例子是乔，他又一次翘课了。”

我会（对班上同学）说：

“好的，我需要借用一下……在座有没有乔的朋友可以借我用一下你的手机？我们要给乔打个电话让他回来上课。”

我会问：“你能发个短信或者我可以打个电话吗？哦，你可以打电话。”

每个人都会坐好，等待。我打电话说：“你好啊乔，我是埃利斯老师。你现在在哪里？”然后他说：“哦，我在餐厅。”“哦，你知道吗？我们都很想你，你需要回来上课，而且要非常，非常迅速地回来上课。”这时每个人都会鼓掌。“听到了吧，我们都想让你回来。”之后乔在电话那头大笑，“你知道的，他会回来的……我会让乔回来上课的……”

我还有另一个非常顽劣的孩子，他长期习惯性地翘课。我们学校对面之前开了一家 Tim Horton’s（加拿大的一家咖啡和甜甜圈店），后来搬走了，这家店非常不错。但不管怎样，我打电话问他：“你在哪儿？”

他说：“我在 Tim Horton’s。”

我问：“所以你不打算来上课了？”

“嗯，不去，我不想去。”

“哦，但是我们需要你，我来告诉你为什么。你口袋里有钱吗？够买两盒 Timbits 吗？（编者注：Timbits 是一种小小的甜甜圈。）大盒的那种。”

“可以。”

我说：“好的，那你买好 Timbits，5 分钟内回来，我会付给你钱，全班同学也会非常感谢你的。”

于是 5 分钟后，他就拿着 Timbits 回来了，确实是 6 个，但我们当时也没数。他到达班级，全班拿到了 Timbits，这期间我们确实损失了几分钟的学习时间，但每个人都笑得很开心。

快下课时，我说：“我必须要这样做，因为我想告诉你，我们需要你，你也需要我们，我们需要一起努力学习。”你知道吗，那之后他就不常翘课了。他觉得自己不受重视，觉得上学不重要，而且他现在依旧这样觉得，但他很快感觉到他喜欢这个老师，可以为了老师回来上课。我其实并不关心是什么原因，只要他能回来上课。

用一种积极的、富有同情心的方法来防止问题恶化，对提升班级和学生的学习意愿大有帮助。

下一步：

1. 了解每一位学生，找到他们的优点、兴趣、目标。开展独特的、个性化的活动，让他们感受到自己的特别。

2. 找一位值得信任的同事，必要时让你和你的学生休息一下。

纪律：规则、程序和惯例

“如果一个人走错了路，他需要的不是加速的动力，而是能让他迷途知返的教育。”

——吉米·罗恩[①]

“你可以在新年伊始‘早早缴费’，或者你也可以‘过后再缴’——但你总有一天是要‘缴费’的。”

——弗雷德·琼斯

你的课堂规则、程序和惯例是班级的根基，可以避免班级秩序崩溃。它们是课堂方方面面的黏合剂。介绍这些规则、程序和惯例的最佳时机是在开学第一天，介绍的最佳方式是在学生进入教室之前。

每所学校开学第一天的流程各有不同。在一些学校，学生在上个学年的最后一天就已经知道了明年自己的老师是谁，自己在哪个班级。但在其他学校，学生直到新学年开学第一天才知道谁是自己的老师。有些学校会根

① 吉米·罗恩（Jim Rohn）：美国最杰出的商业哲学家，成功学之父、成功学创始人。

据班级名单，让学生在体育馆或者室外集合。

无论你所在的学校以何种方式让学生进入班级，你迎接他们的方式都至关重要。你的行为表现为开学第一天设置了标准，并且一直贯穿至学年最后一天。

我会先到操场上去，按照班级名单点名，然后让学生在我面前站成一排。点过所有人之后，我原地等待，然后说："所有人看我。"因为我需要他们安静下来，集中注意力。我告诉他们，去教室的途中，不许讲话。去教室的路上会有人讲话吗？会，除非你已经训练了他们听从你的指示。

这是你第一次设立标准，并强调你言出必行的机会。如果你听到学生哪怕用最轻微的声音说话，也要停下，让全班都转身回去。本杰明·富兰克林说得好："一分预防胜过十分治疗。"

你必须一遍一遍地这样做，直到学生们明白"你言出必行，说到做到"。

很多次，我都会在开学第一天独自和我的班级在操场上重复我最初的这些指令，借这个机会，我会告诉学生为什么我们要安静地穿过走廊——这样做是为了不打扰其他班级。孩子们在理解了做某件事的原因之后会更愿意服从。

第一印象

只要进入走廊后没有学生讲话，我会让他们在教室门外排成一列。这一步骤也可能需要经过多次尝试才能让全班安静下来。如果班级依旧吵闹，那么你可以采取其他措施。等待学生全部安静下来再进教室，并告诉他们，除非他们安静下来，不然课间或自由活动时间都会被用来练习这个进班过程。如果只有一两个学生讲话，我会尝试让大家告诉他们要安静。如果这一两个学生屡教不改，那么就由我来处理。我会直接点名，告诉他们应该做什么，或者让他们在课间或自由活动时间练习。

在开学第一天，学生进入教室之前，我就已经安排好了桌椅，确定了每个学生要坐的位置。你可以依据你的科目、教学风格和任何让你觉得舒服的方式布置教室，也可依据你学生的类型，方法诸多。

我知道有一位老师，不会在学年开始时对桌椅和座位进行任何正式的安排，所有的桌椅和教室家具都堆在教室中央，他想要给予学生课堂自主权。他让他们自己布置教室，让他们决定桌椅和活动中心的安排。他还会让他们在开学第一天自己挑选座位。这个方法对他来说非常奏效，因为这是让他感到舒服的方式，而且他也了解这些学生的特点。这就是一个在了解自己，也了解学生的情况下实施有效措施的案例。

有备无患

我其实更喜欢制定自己的标准，会提前做足准备，以尽可能多地避免问题。开学的头一天，我就已经排列好了桌椅，把印有学生名字的卡纸贴在他们的课桌上方（这样可以给来我的班级上课的代课老师和学科老师提供便利）。我还会额外多安排四个位子，放好课堂材料和作业，这些是为那些注册迟了，还没来得及列入班级名单的学生准备的。基于我目前对学生的了解，我会安排他们坐到最利于他们学习的地方，让那些需要额外关注的学生坐到离我的办公桌近的地方。课堂作业也已经放好在他们的课桌上了，黑板上也会写好日程安排和指示，我还会削好两杆铅笔，与橡皮一起放在他们的桌子上。

我会在门口问候学生，询问他/她的名字和名字的正确读法，确认他们在班级名单上。之后再和学生握手，让他们快速安静地坐到座位上，开始完成他们课桌上的作业。而我会等着，看看是否每位学生都听话照办。如果有学生不安静，我就一直等着，直到他/她坐到座位上，我才会继续询问下一个学生。如果有学生不照办，又爱说话，我就会把他叫回来，用平静、正常的语气重复我的要求。这样一来，所有学生进入教室后基本都会遵从我的指示。所有这些完成之后，我才会介绍课堂规则。我还会在他们进入教室时，规定接下来要做什么，怎么做，这也是我每天一贯的程序。第一天过后，我通常不会再握手，而是问他们一个回顾性的问题，这个问题是针对之前上过的课程的，或是与他们的兴趣相关。

这个惯例一旦形成，学生就会迫不及待地回答问题，如果你不问，他们甚至还会提醒你！这种给学生一对一指导的方式非常好，我可以检查他们的情绪状态，以一种平和的方式更多地了解每位学生的情况。这个好方法为他们开启了崭新的一天。

播种希望

第一天也是向需要更多关注的学生“播种”的好机会。在这一天，我通常已经锁定了一些过往存在行为管理和学业困难的学生。我会伸出手，直视他们的眼睛，叫他们的名字，然后告诉他们，他们会度过美好的一年。你的赞扬和积极的态度可能是这名学生长久以来第一次遇到的！你给了他 / 她度过美好一年的希望。

我通过观察贴在空桌上的名牌来记出勤率，只需不到一分钟。然后我会让一名学生将出勤表送到办公室。

一旦学生们都安静地完成了第一项作业，我就让他们放下铅笔，“看着我”。接下来我会做一下自我介绍，说一下我的期望和课堂规则。

一些老师更喜欢让学生协商一致或用投票的方式来制定规则，还有老师喜欢自己制定规则，然后与学生商讨，并教给学生如何遵守这些规则。

每种方法各有所长，这两种我都用过。再次强调，你的选择取决于你更适应哪一种。

在老师的指导下制定课堂规则

制定多少课堂规则是合适的呢？答案是越少越好。我将公示出来的规则限制在六条，因为规则越多，你需要强调的就越多。利用这个机会，和学生探讨一下什么是管理和程序以及它们的重要性。我们会说一说每天早上的班级惯例以及这些惯例的重要性。

这六条规则是我纪律准则的根基，我同时也会解释什么是“纪律”。学生经常认为纪律就是惩罚，而我告诉他们纪律是在没人监督的时候也依旧要正确行事。介绍规则的时候，我会确保自己的语调和肢体语言严肃并且一本正经，尽量不开玩笑或者大笑。如果你想让学生严肃对待你的规则，那么你就要言行一致，以身作则。

以下是我的课堂规则：

1. 坐到指定座位上，准备上课。

2. 带齐课堂用具和作业。

3. 管好自己的双手双脚，书本和个人物品。

4. 使用恰当的课堂用语。

5. 遵从老师的指令。

6. 教室内禁止食物或口香糖。

以下步骤有助于你的学习：

1. 认真听课，第一时间遵从老师发出的指令。

2. 不要在不恰当的时候说话。

3. 回答问题时，安静地举手，等待老师叫你。

4. 尊重教室与学校里的人、设备和陈设。

5. 进教室、进校园时，排好队，安静地通过走廊。

6. 每天用积极的态度对待课业，合理利用时间，做任何事都全力以赴。

如果你不遵守规则

第一次：老师将名字记在笔记本上，口头警告。

第二次：标记一次，在计划簿上标注联系家长。

第三次：标记两次，联系家长，留堂察看，学生写好一份改正方案，由家长签字后返还格拉瓦茨老师。

第四次：标记三次，与家长通话，告知再次出现了此类问题。

严重破坏规则：立即将学生送到办公室。

* 第二天给学生改过自新的机会。

不要给家长打电话，而是让学生手写、打印或是口述，将情况告诉家长。如此一来，学生也同时练习了书信写作。

《纪律方案》，格拉瓦茨老师，5/6 年级班级课堂规则

学生守则：

1. 坐到指定座位上，准备上课。
2. 带齐课堂用具和作业。
3. 管好自己的双手双脚，书本和个人物品。
4. 使用恰当的课堂用语。
5. 遵从老师的指令。
6. 教室内禁止食物或口香糖。

以下步骤可以帮助你学习：

1. 认真听课，第一时间遵从老师发出的指令。

2. 不要在不恰当的时候说话。

3. 回答问题时，安静地举手，等待老师叫你。

4. 尊重教室与学校里的人、设备和陈设。

5. 进教室进校园时，排好队，安静地通过走廊。

6. 每天用积极的态度对待课业，合理利用时间，做任何事都全力以赴。

如果你不遵守规则：

第一次：老师将名字记在笔记本上，口头警告。

第二次：标记一次，在计划簿上标注联系家长。

第三次：标记两次，联系家长，留堂察看，学生完成改正方案，由家长签字后返还格拉瓦茨老师。

第四次：标记三次，与家长通话，告知再次出现此类问题。

严重破坏规则：立即将学生送到办公室。

* 第二天给学生改过自新的机会。

嘉奖与奖励

每日：微笑　　　　　　每周：奖票，画画

表扬

向家长表扬　　　　　　每月：个人活动时间

* 最好的奖励是做好一件事的满足感！

学生：我已经阅读并理解课堂纪律方案，我会在格拉瓦茨老师的课堂上遵守这些纪律。

签字 ______________________________

日期 ______________________________

家长： 我的孩子已将课堂纪律方案告知我（们），我（们）理解并支持这项方案。

签字 ______________________________

日期 ______________________________

老师： 我会在我的课堂上公平公正地贯彻执行这一纪律方案

签字 ______________________________

日期 ______________________________

* 请立即将此页返还格拉瓦茨老师，谢谢。

我也可以借此机会，向他们解释什么是"留堂察看"。该词来源于法语词 detendre——意思是缓和紧张气氛，借此机会冷静下来，思考如何才能做出正确的决定。当我们感到焦虑不安时，情绪就占了上风，而不是逻辑，这时脱口而出的话会令我们事后追悔莫及。

我也会奖励好的行为举止，包括在给学生和家长的反馈中写一些积极的评语和评价，奖励自由活动时间，延长课间休息时间，免除家庭作业，奖励额外的阅读时间、额外的体育活动和游戏时间，举行班级派对，让学生去办公室领取贴纸，或者给他们一个“拍拍背，你很棒”。

我说过，在解释规则的时候我不会笑，但在解释奖励机制的时候我一定会微笑甚至大笑，还会开玩笑。

冲突解决“修复法”

我最后工作的学校是一所部落学校。退休前的几年，我所在的区开始实行一项“冲突解决修复法”。于是我将《部落集体合约》与我的纪律方案结合起来，二者相辅相成。

张贴在课堂规则旁的《部落集体合约》海报

用心倾听：认真关注他人表达的想法、观点和感受，并适时提问，让他人知道你在听。这些都是可以教授给学生的社交技巧，还包括保持眼神交流、不随便发表评论、通过阐述关键词来表示你一直在倾听并且运用一些肢体语言，做到闻之于耳，见之于目，受之于心。

赞美他人，不要贬低他人：学会通过承认并欣赏彼此的才能和天赋来建立自尊感和自我价值感。作为一个集体，我们要善待他人，不吝惜对每个人的赞美，避免负面言论、贴标签或者仇视性的行为举止。

相互尊重：要确实地考虑并崇尚文化价值、信仰和需求。学生要学会尊重个人技能、天赋和贡献。通过互相尊重，学生能够相互反馈，鼓励他人成长。

跳过权：每个人都有权选择在一个小组活动中的参与程度。选择使用跳过权说明某人更愿意在自己的个人信息或感受上有所保留，或者在一些特定时候不愿积极参与到集体中来。做一个沉默的观察者也是一种参与形式，也可以使人更好地学习。

传统方法与修复法在解决冲突上的碰撞

传统方法：

着眼已经发生的事情，给予宽容－无视－惩罚等不同程度的回应。这种方法会关注：

• 违反了哪条规则？

• 谁违反了规则？

• 会有何种结果 / 如何惩罚？

修复法：

以当下的眼光看待过去的问题，立足于为所有涉事者创造更好的未来，注重通过互相协作来建立和修复关系。这种方法会关注：

• 谁受到了伤害？

• 此事对他们产生了什么影响？

• 涉事者需要思考，为纠正错误应采取什么行动，以此来修复关系。

修复法崇尚：

• 互相尊重

• 个性发展

• 接受差异

• 相信人有改变的能力

• 相信只要肯花时间，给予支持和解释的机会，问题就能得到解决。

• 以包容的方式解决问题，考虑所有人的感受、需求和观点。

• 建立并维护互相尊重的关系。

• 创建安全、包容的关怀文化。

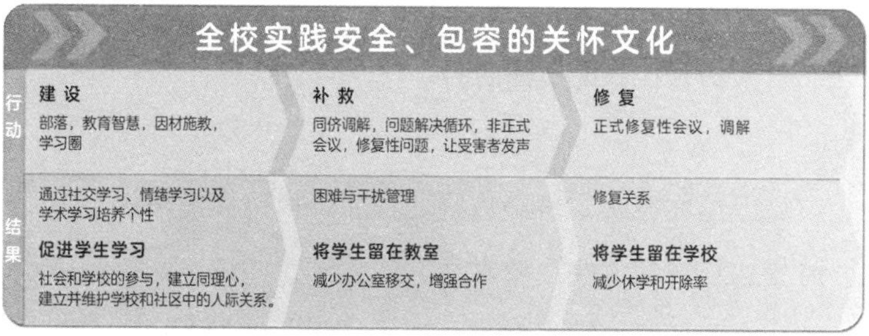

创建“修复法”文化

可以这样问一问受害者：

事情发生后你的想法是什么？

这件事对你和他人来说有什么影响？

这整件事里最糟糕的是什么？

你觉得要怎么做才能纠正这件事？

我们有什么能帮你的吗？

可以这样问一问加害者：

发生了什么事？

那时你在想什么？

事情发生后你的想法是什么？

你做的事情对谁造成了影响？

造成了什么影响？

要纠正这件事你需要做什么？

我们有什么能帮你的吗？

无论你在制定班级规则、程序、惯例和纪律规定的时候选择哪种方法，始终如一地贯彻这些规定，这是成为一名高效教师的关键因素。

下一步：

1. 在为你的班级确定纪律方案之前，先了解学校的纪律规定，问题解决模式和行为准则。

2. 向管理部门或其他老师询问开学第一天的入学程序。

3. 确定你的桌椅安排和座位方案（参考你对每个学生的备注）。

4. 确定学生外套与书包的归置程序，进入课堂的程序以及进入教室后对学生的要求。

5. 阅读本节中所列出的关于“纪律：课堂规则、程序和惯例”的讲义。

6. 制定你的课堂规则。

目标设定：成功之道

“无论你能做什么，或者梦想能做什么，着手开始吧。大胆就是天赋、能量和魔力的代名词”

——约翰·沃尔夫冈·冯·歌德[1]

“记住，小步总比大步容易，所以一旦你有了自己的计划，不要去想那座山。相反，你应该把注意力放在下一个高原上。”

——AppleOne

令我惊讶的是，每一年，周而复始，我的很多学生都不知道如何取得成功，然而学校应该是教给孩子成功之道的好地方。

我在学年伊始就会介绍的一个概念是目标设定的有效原则。一些低年级的学生已经听说过目标的重要性（他们知道在曲棍球和足球里进球的概念），等他们到了高

① 约翰·沃尔夫冈·冯·歌德（Johann Wolfgang von Goethe）：德国著名思想家、作家、科学家。代表作《少年维特之烦恼》《浮士德》等。

年级，几乎所有学生已经知道设定目标的必要性，然而，很少有学生会学到如何达到他们的目标。

一天，校长在我讲解目标设定的时候走进我的班级。我刚好向五年级的这个班提问道：“你要如何吃掉一头大象？”过了好长一段时间，我问校长，他回答说：“一次咬一口！”又一次长时间的停顿过后，我的学生们开始明白了。我告诉他们，无论一个目标有多大，“千里之行始于足下”。

正是在此时，我告诉学生们，每件事都是渐进的、慢慢来的。我以自己为例，用自己的体重给他们举了个例子——我不是一下子就长胖了20磅的，而是长年累月锻炼得越来越少，吃得越来越多，直到我开始一年胖1磅（或2磅）。20年过去了，这么多磅累积了起来！既然我经过20年才胖了这么多，那么要想减肥也不会一蹴而就。

如何设定目标

达到大多数目标一般都是一步一步来的，最重要的是要开始行动。多年前，我有意识地努力进行体形恢复和锻炼，但是上班前和放学后的我通常都太累了，不愿运动。所以我开始和我的学生们一起锻炼，在上体育课时和他们一起跑步，拉伸。这样，我不仅教会了学生目标设定的理论知识，而且也通过实践告诉他们如何设定目标。

学年之初，我将一份目标设定的讲义发给学生们，并将它们贴到显眼的地方或白板上。我还引用兰斯顿·休斯的诗歌《母亲致儿子》，给学生解释诗中每一处的含义。

目标设定：成功之道

姓名 ______________________

日期 ______________________

目标

我的目标是 ______________________________

步骤

为达到我的目标，我计划了以下步骤：

1. ______________________________________

2. ______________________________________

3. ______________________________________

协助者：

这些人可以帮助我：

1. ____________________

2. ____________________

3. ____________________

阻碍：

我一定要注意：

1. ____________________

2. ____________________

3. ____________________

时间线：

我计划在这之前达成目标：

____

奖励：

成功达成目标，我将奖励自己：

____

15 年前，我初次与学生们进行这样的目标设定实践练习。我的目标是六月份学年结束时，能不间断地跑步 5 分钟。这不是个简单的任务，为了恢复体形，我在开学之前的整个夏天都在努力跑步。虽然我是在高中校园里跑步，有时也在大学里，但我都不能连续跑超过一分半钟！我一度无法跨越这道坎，所以我决定“公开”。我将我的目标告诉学生们，还写了下来，贴在所有人都能看到的地方，以此也想让学生们知道如何将目标布置到恰当的地方。

写到这里我很高兴，因为这一学年过后，我确实达到了连续跑步 5 分钟的目标。第二年，我将目标加倍到了 10 分钟。我通过示范如何达到我自己的目标，向学生展示如何实现他们的目标。我又一次成功了。成功多次后，我充满了自信，接下来的一年，我将目标加倍到了 20 分钟，这绝对是为期一整年的目标，我也成功实现了。又是一年，我继续这个目标，将它增加到 30 分钟，之后又加到 1 小时。这两个目标都达到了。

我与学生分享的另一个目标是在 6 个月内减重 20 磅，而我 6 个月内甚至超额完成了这个目标，减了 22 磅。我将 22 磅的糖放在办公桌上，帮助学生们直观地了解 22 磅有多重。我告诉他们，这就是我 6 个月内减掉的体重，然后问他们，我每个月，每周，减掉了多少磅？

我告诉学生们，他们的目标不一定限制在学校里。在过去的几年里，他们的目标有多读书，成为一名更好的足球守门员，获得空手道高级黄带，获得更多“我做到了”奖状，在冰球比赛中得分，少看电视。一些学生则复制了我的跑步目标。

了解学生的目标以及他们重视的事情，是老师帮助学生取得成功的大好机会，也是一种让学生参与目标设定的理想方式。

如果我知道一名学生正在寻找保姆的工作，而我又知道有父母恰好在找保姆，那么我就可以帮他们牵线搭桥。

对于想在校队中找工作或想加入校队的学生们来说也是如此。如果我知道有人想帮他们，我会让他们互相联系。这个方法也能向学生说明建立人际关系网和结识他人的作用。

也正因如此，我也会将学生的目标张贴在布告栏里。他们的同伴（还有参观教室的父母以及其他老师）可能也会知道如何帮他们实现目标。

这些年来，学生们的目标有：

◎ 少看电视。

◎ 提高拼写能力。

◎ 在冰球比赛中进球得分。

◎ 在限时数学测试中取得更好的成绩。

◎ 让我的成绩单上有一个好成绩。

◎ 学习打网球。

◎ 获得空手道高级黄带。

◎ 交朋友。

◎ 更流利地阅读。

◎ 在女童军[①]中获得更多徽章。

◎ 不在课堂上讲话。

◎ 可以用钢琴弹奏《海绵宝宝》主题曲。

◎ 保持健康。

◎ 度过一个愉快的夏天。

◎ 举办一场有趣的生日派对。

◎ 保持我的衣柜整洁。

◎ 保持我的书桌整洁。

◎ 获得更多“我做到了”奖状。

◎ 连续跑步 30 分钟

◎ 愉快地度过这学年的最后一个月。

---

① 女童军：女童军（Girl Guides 或 Girl Scouts）是一个国际范围的少女组织，最早于 1910 年在英国成立。常进行户外活动，例如远足，露营。女童子军可借着学习技能并通过测验获得徽章。

为提高完成目标的成功率，学生们需要将他们的目标可视化，他们需要看到自己完成了目标并从中获益。

可视化的效果越好，越可能成功实现目标。一个月之后，我单独和每个学生回顾了这些目标，之后再给他们一张表单，写下下个月的目标。

我们每个人一天都只有 24 小时，也就是 1440 分钟，或者 86400 秒可以利用，如何利用决定了我们能否成功。

下一步：

1. 参照本书制作并打印“目标设定”讲义。

2. 制定一份讲解“目标设定”讲义的教学计划。

3. 收集学生们的目标，然后读一读。

4. 将学生们的目标张贴在布告栏里。

5. 每个月，学生交还他们的目标表单后，与他们进行谈话。

如何达到优秀

“想要帮别人爬上山顶，你自己得先接近顶峰。”

——诺曼·施瓦茨科普夫将军[1]

为了达到优秀，学生需要知道优秀是什么。当新生进入我的教室，他们会看到我上个学年张贴在黑板上方的“我做到了”奖状。这些奖状是用卡纸彩打出来的。

“我做到了”奖状

我向新生们解释说，我的目标之一就是让班上的每

① 诺曼·施瓦茨科普夫（H. Norman Schwarzkopf）：美国退休陆军将领，在海湾战争期间担任联军的总指挥官。

个学生都获得一张“我做到了”奖状。当有人达到了优秀，他们就会获得这个奖项。达到很多成就都可以获得这张奖状：完美的测试成绩、全勤、行为举止和态度上的显著进步、本月进步最大的学生、某门学科成绩显著提高、体育课上第一个连续跑步 20 分钟的学生、阅读与写作进步最大，等等。

这个奖项的吸引力在于它的特殊性，它不会因为一些谁都能做到的事情而随意颁发。例如，学生们经常会问，通过一个特别简单的回顾性测试会不会得到“我做到了”奖状。“不会，对于这个奖项来说，这件事还不够有挑战性。”

所以这个奖项非常具有吸引力和激励作用，尤其是对我那些成绩优异的学生。据这些学生反馈，他们认为这个奖项是我的班上最具激励作用的。他们能给予这么高的评价是因为这个奖项是特殊的，不是随便什么人在随便什么时候都能得到的。我还会举办一个小小的颁奖仪式来彰显这个奖项的特殊性。我会点名每位学生，和他们握手，祝贺他们获得“我做到了”奖。之后，让全班对这些同学取得的成就给予热烈的掌声。

这个奖项对那些有特殊需求的学生和那些自信心、自尊心不足的学生也非常有吸引力。我会将去年的奖状张贴在黑板上方，学生们就可以看到去年都有谁得奖了。他们看到，那些他们认识的、学习不是很好的学生也取得了成功。设立这个奖项是为了给所有学生一席之地，给所有学生希望和鼓励以及一个达到优秀的机会。我相信，来到班上的每个学生都各有所长，虽然可能并不一目了然，但这个长处一定存在。我的任务就是找到它，注意它，强化它并且为之庆祝，而这就是“我做到了”奖的作用！

建立良好的公共关系——从厨房开始

当一个学生第一次在数学单元测试中获得满分时，我会打印出两张“我做到了”奖状，其中一张贴在黑板上方，让所有人都看得到。

另一张是交给学生自己保留的，我会让学生将它贴在冰箱上，这样他们每天就能看到一个实实在在的东西，提醒他们的优秀和成功。想象一下，有 10 到 15 个学生会得到“我做到了”奖状，并且每天这样做。这个奖项会建立起学生的成就感，培养班级的士气和学生的自尊心，同时还会建立起你自己的成就感。

一事成功，事事成功，成功能够孕育成功。家长看到奖状也会很骄傲，他们会鼓励自己的孩子继续努力，保持优秀。家庭成员、朋友和客人来到厨房也会看到这张奖状，也通常会对孩子取得的成就评论一番。学生们不仅获得了一个达到优秀、取得成功的实实在在的例子，而且还看到了随之而来的回报。其他切实的好处还有对作为老师的你的积极作用以及对学校本身的积极影响。无论何时，只要我们能把积极正面的东西带到学生家里，带给他们的家庭，我们的教学和教育系统就会变得越来越好。

一个学生可以获得多少奖？答案是越多越好。一些成绩优异的学生已经获得了20多次，成绩偏低的学生只得过一次。然而，只有第一次获奖的奖状会张贴出来，所有学生上黑板的机会是同等的，之后的奖状都被他们拿回家保留。一旦家里的冰箱上贴了太多的奖状，再也贴不下了，一些学生就会把它们贴到相册或剪贴簿里。

向学生说明什么是成功的另一个方式是允许他们更加了解你。许多老师都会设置一个布告栏或利用教室一角来展示自己的个人生活。比如张贴幼儿园、高中和大学的班级毕业照，体育运动队的合影，结婚照和家庭合影。

在我的布告栏里，我贴了一些经过多年努力才获得的奖项——几张大学学历证书。学生们需要实实在在地看到他们的老师也获得了成功，达到了优秀！

当然，也许他们也有一些克服失败的经历。例如，我告诉他们我学习法语的失败经历。但高中过后，我一直与一个说法语的家庭生活了三年，开始真正地喜欢上这门语言和法国文化。这类的分享对学生们是一种鼓励，可以给他们希望。

下一步：

1. 确定你是否要在班上实行奖励制度。
2. 思考并罗列出你想要给予奖励的成就。
3. 使用书中所提供的“我做到了”奖状格式或自行设计。

第二章

强化基础

拟定计划

“成功就是经历了一次又一次失败后仍不失去信心。”

——温斯顿·丘吉尔

打好了基础，现在你可以用一本学生规划簿采取进一步的措施并进行基础强化。

学生规划簿可以教会学生并强化：

◎ 时间管理

◎ 学习技能

◎ 组织技能

◎ 问题解决

◎ 跟踪阅读

◎ 建立友谊

◎ 书写整洁

◎ 学习责任心

◎ 家校沟通（班主任和学科教师之间）

◎ 家长的支持

当然了，所有的这些技能都不是一下全都教授给学生的。在你的学生学习使用规划簿时，你只需一次教授一个技能。但是，你要用整个学年的时间来帮学生强化这些技能。

过去几年间，我不是自己制作规划簿，就是购买市面上的规划簿。我更喜欢购买规划簿，因为它们可以节省时间而且制作专业。规划簿有很多品牌。虽然也有电子规划簿，但我更喜欢用纸质的。

购买的费用依据购入的规划簿数量而定。我任教的学校通常会请家长贡献部分费用，他们也会请家校协会或者家长与教师联合会承担部分费用。这对家长和学生以及作为教师的你来说都是一项至关重要的投资。

规划簿使用秘诀

贯彻落实规划簿的使用是关键，每天使用才能发挥它的效用。既然家长，以及家长与教师联合会已经贡献了他们的血汗钱用于购买这些规划簿，那么他们就希望学生们是在真正地使用它。

你可以通过使用规划簿，为获取家长和社区的支持做准备。让家长看到孩子们正在使用规划簿，将有助于与他们建立起相互支持的、积极的关系。

如果不能贯彻落实规划簿的使用，家长可能就会愤愤不平，会再三考虑要不要给你或者学校提供财务支持，正是这些小事决定着你下次的请求会不会成功。

同时也要加强学生对规划簿的使用，否则他们不会认真对待。如果学生不重视，他们就会把规划簿东丢西忘，你一整年都会在努力解决这些事情中度过。

过去几年中，我发现如果我做到以下几点，每个学生就都不会忘记他们的规划簿：坚持检查规划簿；只要学生带了规划簿就给予奖励；并且奖励他们记下并完成了家庭作业，然后让家长签了字。

我们也会进行一个类似“扫盲”的活动，旨在让学生们了解规划簿的重要组成部分，但这取决于你用哪种规划簿。例如，我会发一张纸，让学生回答规划簿重要组成部分的相关问题。这样会让他们通过一种有趣的方式熟悉自己的规划簿。

我早年任教时，一向认为让学生坚持使用像规划簿这类东西是不可能的事。但如果你肯花时间，肯下功夫，重视规划簿的使用，那么你的学生们也会重视起来。

善用规划簿

规划簿的使用方法众多，我一收到规划簿就会介绍它的使用方法。首先，我会确保学生们在规划簿里工整地打印或写下他们的姓名、地址以及班主任等信息。

我还会确保他们至少写下了班上两名“学习伙伴”的姓名、电话号码和电子邮箱地址，并告诉他们，“学习伙伴”不只可以提醒他们家庭作业，还可以告诉他们校内外活动的信息，例如派对、领带日、帽子日和沙滩日等许多特殊的活动。如果他们之前没来学校，但一直与“学习伙伴”保持联系，那么他们返校时就不会错过这些活动。

我还强调，联系学习伙伴，获取错过的家庭作业、任务和新闻都需要他们自己去做，学习伙伴没有义务主动联系他们。我还告诉他们，他们可以直接与学习伙伴见面，也可以通过电话、电子邮件和短信联系。

利用规划簿进行班级建设

让学生至少写下两名学习伙伴的名字是社交网络和社交关系建立的开始，也是观察班级活跃度的一种方式。你可以快速发现班上受欢迎的学生和他们的小团体。同时，你还可以快速找到那些在交朋友和建立友谊方面可能需要一些帮助的学生。此外，这些不仅是访谈时需要让家长注意的，而且也为来年组建班级提供参考，我会努力确保每个学生在来年的班级里都至少有一个朋友。

规划簿惯例

强化规划簿的使用也有很多方法。根据班级日程，我将放学前的 5 ～ 10 分钟的时间用作规划簿时间。我会在黑板上写下当天的家庭作业，包括在家大声朗读或默读至少 20 分钟。我一定会记得问学生，在我不教的课上（音乐、科学与技术课），是否留了家庭作业、测试或学习项目。

我还会让学生们告诉我那天在课上学到的一件事。我通常会在午饭前和放学前问他们，如此一来，学生家长问:“你今天在学校都做什么了？”他们就有讲的了。我还会让学生把这件事记到他们的规划簿上。

他们发现的任何新单词或新概念，我都会记在横格本上，用来复习和巩固他们当天所学内容。也可以用这种方法，很好地告诉家长，他们的孩子学到并记住了所教内容。在学生回家之前，我还会将家长需要过目并签字的重要资料订在学生的规划簿上。

规划簿也可用作与家长沟通的工具。我会在规划簿里给家长留言，或将个人信件或课堂简报订在规划簿里以便家长阅读，同时鼓励家长，如果他们的孩子有需要我留意的地方，也可以给我留言，无论是家庭作业里的难题，想要请假，还是要确认会面的时间，都可以写下来。我发现，将事情写下来可以减少家校之间沟通的误解。

规划簿的家校互通

有一个好方法，可以让学生每晚都将规划簿带回家，那就是在规划簿上写一些关于学生的积极正面的事情给家长看。在那之前，我通常已经发现了两三个有不良过往的学生。只要他们做了积极的事情，我就一定会写到规划簿里。

一些老师更喜欢在放学前检查每个学生的规划簿，其他老师则是在早上检查。我不仅会在学生放学前检查，也会在早上上课或第一项活动前查阅，目的是检查他们是否记下了黑板上的家庭作业，是否有家长的签字（或首字母签字）表示已阅作业和规划簿，是否记录了阅读时间，是否记下了当天至少一个在课堂上学到的新知识。同样，这取决于规划簿的样式，上面的空间可能只够记录作业和阅读时间。规划簿是不断更换的，记个人笔记的空间也会时大时小。

为了让规划簿上的内容清晰明了，我使用了“外星人测试”。一个“外星人”或者陌生人是否能读懂你写的东西？换句话说，如果你的三个同学全都无法读懂你写的东西，那么你的沟通就是无效的。有时我会去其他班级，或者在走廊上找一个路过的学生读我们班上学生写的内容。如果这个学生读不懂规划簿上的内容，那么这本规划簿就无法通过“外星人测试”。这一策略可以加强规划簿的整洁度，让沟通更清晰明了。家长也可以在规划簿上评价他们的孩子写字是潦草还是整洁。

什么？没带规划簿？

如果学生忘记带规划簿了怎么办？答案是不接受任何借口。有一些学生经年累月，早就学会如何准备一套完美的借口，在你耳边喋喋不休，而我只是简单而平静地问他们：“你如何确保明天能带来？”这个问题会让学生措手不及，他们之所以一直以来找借口搪塞你，是因为就是想给你找麻烦。（这也是一个教会并培养学生解决问题能力的机会。如果我发现学生不完成规划簿已经变成普遍现象，我们会集体讨论解决问题的办法。这个办法可能很简单，就是每天晚上睡觉之前，把规划簿放在厨房的桌子上，或者一早起来的第一件事就是让家长签字。你的学生们会提出许多其他有创意的解决办法。）

当我检查规划簿的时候，如果他们没有签字，我会在笔记板上的名单里找到他们的名字，并在名字旁做一个记号。如果学生一周之内忘带规划簿或未完成规划簿内容三次，那么就要承担后果了。我会让他们加入“俱乐部”。我告诉过学生们，他们绝不会想要加入这个俱乐部！因为我会将他们的名字写在记事本上，然后让他们放学后留校。我不仅要检查他们的规划簿，而且要检查他们笔记本上的所有内容，也包括当天不是我教的科目的笔记。回家之前他们要把未完成的内容补齐，所以这个“俱乐部”的成员大多不超过一周就会退出。

一卷“奖票”

如果学生完成了规划簿，我就会给他们两张“奖票”。（奖票指单人票或优惠券，是我从文具店或办公用品店比如“史泰博”[①]购入的。这些奖票通常单卷500张，或者双卷1000张。我以前会自己制作，但直接买会节省很多时间和精力。这是我的激励项目之一，其他激励项目我会在下一章描述。）

每当我给学生一张“奖票”，他们会立刻在票面写上自己的名字，保存在书桌里，等着我将这些奖票收上去。家长签字了我会给一张，记下了作业再给一张。我发现每个学生在一天结束的时候应该都能把作业记下来。

但让家长签字会更困难一点，特别是如果家长上夜班，无法在放学后见到学生。这时就需要全班集思广益，想出一个能让家长签名的办法。有时候解决问题的关键在于训练家长！

下一步：

1. 看看你的学校是否已建立规划簿系统。

2. 确定使用纸质规划簿、电子规划簿还是二者结合使用。

3. 自己设计或直接购买“规划簿一览表”。

4. 确定学生完成规划簿内容后是否给予奖励。

① 史泰博：美国史泰博公司是全球卓越的办公用品公司，成立于1986年，总部位于美国马萨诸塞州的波士顿。史泰博率先推出了办公用品超市的理念。

激励学生

"失败时的一句鼓励胜过成功后一小时的赞扬。"

——佚名

任何事情都不会永远一帆风顺，每个基础的建立之际总会有一些小裂痕。在班级学习过程中，避免这些裂痕的方法不胜枚举。当然了，你需要灵活使用这些方法，在课堂上"随流而动"。变换着使用这些方法可以增加你的教学趣味性，让一天的学习生活转瞬即逝。毕竟，"只用功不玩耍，聪明的孩子也变傻"。

在日常教学过程中避免裂痕的最好方法之一就是建立一个激励机制或奖励项目。我已在前一章讨论过这种项目。

许多因素都决定了一个激励项目是否成功有效：

◎ 奖励目的正当有效

◎ 只针对你想要强化的行为

◎ 不强化你不想要的行为

◎ 学生们需要了解项目的运行机制

◎ 简单易行

◎ 项目的管理也要简单

◎ 确保你和你的学生都能很好地适应

◎ 学年内不断设置更多奖励项目，或一次设置多个奖励项目。

每个学年都有独特的挑战，每节课也各不相同。这一年可行的，明年不一定可行，以此类推。因此要确立一个适用于整个班级的机制和一个适用于每个学生的机制。

因而我设置了“我做到了”奖，旨在激励学生追求优秀，竭尽全力。虽然这是一个个人奖项，但它的设立是为了让班上的每个学生都能在学年结束前获得奖项。

激励机制

当我开始给普通班和特殊教育班级同时授课时，会使用一张图表并利用星级制度，来跟踪记录所有学生都能轻而易举做到的事情。我会关注诸如这类行为：将需要家长签字的表单和试卷带来学校，完成了家庭作业，在学习中心安静地完成任务和班级 / 个人项目。

每当学生完成了特定活动，我都会发给他 / 她一颗金色的星星，让学生贴在图表上自己的名字旁边。他们会相互竞争，看谁的星星率先填满一横格。当一名学生率先填满胜出，我会给他 / 她一个小小的奖励，然后等其他人全都追上来。一旦班上的每个学生的星星都填满了一横格，我就把图表挂在墙上。看着那填满了百余颗星星的漂亮纸板，那场景真是让人过目难忘。学年末，教室四面就会环绕着这些满是金色星星的图表。

这个跟踪激励机制相当成功。非常有趣的是，我发现学生们总能知道谁会率先填满表格并胜出。有些学生知道自己没办法赢过班上最优秀的人，于是他们就和自己的朋友或者和水平相当的人竞争。事实证明，这是一个双赢机制，因为不等到每个学生都填满一横格并且全班都得到奖励，我是不会终止这张图表的使用的。

虽然这个机制在我当时所教的各类班级里都颇具成效，但过去几年我也学着尝试使用其他机制。运用不同的机制不仅能抓住学生的兴趣，也能让你充满动力。

运用“奖票”

我的课上有许多激励项目，“奖票”会被我用来跟踪规划簿的完成情况。所有我在规划簿使用过程中教授的技巧都（曾）是非常重要的。完成并管理好他们的规划簿是学生获得“奖票”的唯一途径。

当然了，你也可以用“奖票”来奖励其他的班级和个人行为。就我而言，每两个星期，我们会收上“奖票”并放到一个盒子里。我每点一个学生的名字，就会在附有班级学生名单的笔记板上记录下他们的“奖票”数量。我会将这个数字用于学校的色彩屋奖励制度，将数字作为积分，奖励给每个学生，也奖励给他们所在的色彩屋。通过追踪这些积分，我会知道每个月学生完成规划簿的次数，也会知道学生有没有认真负责地保管他们的“奖票”。

每学年最后一个月，我会利用其中两周的周五下午，在放学前的十分钟从盒子里抽名字。过去几年里，我用过各种各样的奖品作为激励，从书、文具到集换卡，从糖果、巧克力棒到薯片！教学多年，我发现不是这些奖励激励了学生们，而是赢取奖励的过程。我也同样观察了老师们，无论是赢得了职能部门颁发的兑奖票还是其他奖励，只要得了奖，人们其实并不太关心赢得的东西是什么！我十几岁的女儿也是这样。她告诉我：“只要我赢得了一些东西，但赢的东西是什么并不重要！”

了解了这件事之后，我会给他们棒棒糖。我告诉学生们，棒棒糖是唯一的奖励。但是没关系，他们只要能赢得一些东西就会很兴奋。

一旦我抽到学生的名字，他们就可以任选一个奖励。但是在给他们之前，他们要说“谢谢”。我想借此机会强化好的行为举止，因为我发现有时这正是一些学生所缺乏的。时间一到（或者铃声一响），抽奖就结束了，我也会借此机会强调时间的重要性——一切都有结束的时候。

积分激励制度

我使用的另一项激励制度涉及了积分。分数易于管理，对学生来说也容易理解。我会向他们解释，我是如何通过使用信用卡支付账单以及购买食品杂货来获得积分的。他们也可以获得积分。你可以决定哪些行为可以赢得积分以及积分的数量。你给予的奖励也可以是各式各样的，没有限制。可以是一次短期的实地考察，一场电影，一场期末派对，自由时间，免除作业，额外的休息时间，一节额外的体育课，等等，诸如此类。

一些老师希望所有学生都让他/她100%满意时，才奖励积分。其他老师则可能缩小这个比例。如果有一两个学生试图破坏全班集体努力的成果，他们会被私下约谈或者被排除在奖励活动之外。

我通常会利用教室后黑板的一小块区域，来记录班级的总积分变化。除了记录总积分变化，我还会将积分与一句话联系起来，例如“Let’s Go Celebrate Now!（让我们开始庆祝吧！）”，全班需要完成这句话才能得到奖励。随后我就借机讲点数学，向他们提问，每个字母值多少分（5 分），完成这句话需要多少分（100 分）。我还可以在英语课上告诉他们，撇号（‘）和感叹号（！）非常重要，也是要算分的！

老师们使用的另一项奖励机制是给予学生个人时间或者个人休息时间。通常是半个小时，在这段时间里，学生可以做自己的事情（读他们最喜欢的书或杂志，画画，使用电脑，去图书馆，和朋友玩桌游，也可作为同伴导师或学习伙伴去另一个班上课）。学生们也可以补习本周落下的内容。我喜欢让学生在这段时间打扫、整理他们的书桌。如果他们提前花时间打扫整理好了，那么这一整段时间，他们都可以做自己的事情。

个人活动时间一过，学生就要放下游戏、书和杂志，关闭电脑。我会站在门口，祝每个学生周末愉快，并与他们击掌，用这种愉快的方式结束一周，以积极的态度开启周末。

奖金拍卖激励制度

漫长寒冷的冬天和多雨的春天过后，是学年的最后一个月，我发现学生们变得非常焦躁不安。他们异常兴奋，因为终于可以重回户外，在温暖的阳光下玩耍。这段时间想要激励他们学习极具挑战性。

一名同事告诉了我奖金拍卖活动，这是一种任何时间都可以进行的特殊拍卖。它通常会被留到学年最后一个月进行。

所谓奖金，看上去其实和大富翁里的钱类似，一些老师会去游戏商店购买，一些老师则自己制作。他们把这些钱发给学生，就像我的“奖票”一样。于是我用“奖票”代替了奖金，每张“奖票”价值 10 加币。

拍卖流程：

1. 秘书（以及助手）计算每个学生得到的“奖票”。

2. 秘书在班级名单上记录“奖票”的数量，然后以 10 的倍数来计数。

3. 以 10 加币为单位出价。

4. 出价不可分摊或分期。

5. 秘书在班级名单上记录竞价成功的金额。

6. 有些奖品可设置底价。

7. 学生在领取奖品前必须先登记并向秘书支付款项。

8. 拍卖可随时终止！

拍卖项目：

1. 允许嚼一整天口香糖。

2. 使用格拉瓦茨老师的带轮转椅（三把可供拍卖）。

3. 在自己选择的座位上坐一天。

4. 铅笔。

5. 转笔刀。

6. 全班计算机房自由使用时间（起价 1000 加币）。

7. 全班看一节课电影（起价 500 加币）。

8. 延长休息时间（起价 500 加币）。

9. 自由选择运动时间。

10.“跳过”家庭作业。

11. 允许在班上戴自己的帽子一天。

12. 全班帽子日（起价 1000 加币）。

13. 可在教室中的任意位置坐一周。

14. 糖果 / 薯片 / 甜甜圈。

15. 当一节课老师。

16. 某一天结束后优先放学。

17. 可选择班级值日内容。

18. 选择某一天的上课顺序。

19. 全班吃爆米花。

20. 神秘礼包。

下一步：

1. 确定是否要实行奖励制度。

2. 列出你想要奖励的行为。

3. 介绍并教给学生奖励流程。

4. 尝试一下奖品拍卖制度，会很有趣的！

5. 自行制作并打印“证书模板”。

成功策略

“没有热情就成就不了伟大的事业。”

——拉尔夫·沃尔多·爱默生[①]

我让学生在开学第一周完成的第一个主要任务就是“时间胶囊”。我会在开学第一天将任务分发下去，这么早这么迅速地分配这项任务，目的是强调这项任务要在课上完成，并且任务的重点在于学习。你可以对任务进行简单的调整，以适应所有学生的能力水平。

如果真如某些人所说，学生只会记得开学第一天和学年最后一天，那么就让他们记住些什么吧。

时间胶囊会在开学的第一周就给学生带来一种成就感。这些任务主题都比较主观，与每个学生息息相关，因此没有错误答案。而且，因为我们会在第一天完成所有主题，那么就能保障总有一个主题可以让学生感受到成功。

这项活动也可以培养学生的时间概念，让学生感受

① 拉尔夫·沃尔多·爱默生：美国思想家、文学家、诗人。爱默生是确立美国文化精神的代表人物。代表作品《论自然》《美国学者》。

变化与历史，因为他们会在学年最后一天再次打开这些时间胶囊。

活动流程

我会请学生将一些物品放在用作“时间胶囊”的容器里（鞋盒子、塑料盒、大牛皮纸信封等）。可以存放一张学生们最爱的东西的清单：电视剧、电影、唱片艺术家、歌曲、书籍、科目、颜色、朋友、食物、爱好等等。随后，让学生找来一根与自己身高等长的线，并让他们在一张纸上印上自己的手印和脚印，再用一张塑料包装纸包好一朵花或一片树叶，最后再附上一张他们在本学年末想要完成的三个目标的清单。

到了周五或下周一，我会让学生们将自己的时间胶囊展示给全班，而我则用数码相机拍下每个学生的照片，并把展示过程录制下来。由于照片是数码的，我会把它们保存到电脑硬盘里。之后，这些照片可以用来制作“我做到了”奖状和生日贺卡。我还会打印出所有学生的照片，并在照片背面写上他们的名字，交给授课老师。制定班级座次方案的时候，你也可以将孩子们的照片贴到他们的名字上方。（这会为授课老师提供很大帮助）

时间胶囊

目的：从 9 月（8 月）开学第一天到学年的最后一天（6 月），学生们会发生许多变化。为了看到这些变化，我们将制定个人的“时间胶囊”。

请准备一个“时间胶囊”容器（鞋盒子、塑料盒、大牛皮纸信封等），来收纳以下物品：

◎ 一则本周的报纸、收音机、电视或网络新闻中的标题

◎ 一篇报纸、你最喜欢的杂志或网络上的文章

◎ 一张你最喜欢的东西的清单，例如：电视剧、电影、唱片艺术家、歌曲、书籍、科目、颜色、朋友、食物、爱好等等

◎ 一朵用塑料包装纸包好的花或一片树叶

◎ 一份你的笔迹示例

◎ 一张印有你手印的纸

◎ 一张印有你脚印的纸

◎ 你的体重

◎ 一根与你的身高等长的线

◎ 一段描述你的班级和老师的话（100~150 个字）

◎ 一张近照

◎ 一张在本学年末想要完成的三个目标的清单

截止日期 ______________________________

做好准备，向全班展示你的“时间胶囊”并录像

在做视频展示时，我会请他们先做自我介绍，然后从时间胶囊里选三样东西进行展示。之后我将时间胶囊收上来，告诉学生胶囊会被“埋葬”。我通常会把它们放在地下室、小收纳间或者储物柜中，直到学年的最后一天再拿出来。

时间胶囊拓展活动

◎ 将学生分为四组。

◎ 让学生们相互练习时间胶囊的展示。

◎ 让学生在学习日志里写下一件他们从组员那里学到的事情。

◎ 让学生在学习日志里列出教室中十件比测量他们身高的线短的物品。

◎ 让学生在学习日志里列出教室中十件比测量他们身高的线长的物品。

◎ 让学生猜想在学年末时自己会长高多少，并把预测写进学习日志里。

◎ 让学生们到走廊上去，把线从长到短依次排开。

◎ 找出一个与自己身高最接近的人，把他的名字写在自己的学习日志里。

在这个活动中，你可以很快了解到每个学生的责任心。（如果这项任务他们都不能完成，那么他们以后提交作业也会很困难！）这个活动没有错误答案，他们可以充分展现自己的创造力，做事习惯和展示技巧。时间胶囊任务也会被纳入学生的成绩单分数和评价，活动中学生的口头展示技巧、阅读和写作能力都会被记分并给予评价。

在“埋葬”时间胶囊之前，我会将一封来自未来的信放进去。学生将在学年最后一天读到诸如以下的内容：

亲爱的比利：

谢谢你的时间胶囊，读到它我很高兴。

今天是 10 月 18 日，当你看到这些话的时候，已经是六月份学年的最后一天了。

我希望你在六年级度过愉快的一年，我喜欢听你回答问题，因为你的答案总是“正确的”而且“充满创意”。

预祝明年一切顺利，度过一个开心安全的暑假吧！

格拉瓦茨老师

最好在存放时间胶囊之前检查一遍。查看是否有易坏物品，例如：水果、蔬菜、饼干、蛋糕等等。有些学生用塑料包装包起来的东西真是令人惊奇！

一定要在一开始就把这些东西排除在外。

在视频展示结束之后，我会让每个学生填写一封“粉丝来信”。（他们把这些信件交给我，我全部读一遍以确保里面没有任何不妥之处。）之后，我会把它们交给相应做过展示的学生。

想象一下，一个学生收到了来自所有同学的积极评价，而且这些评价全部因为他们在你的课上的第一次展示，这对学生来说是怎样的感觉啊！再想象一下，如果这还是一个自尊心脆弱的孩子呢？这个简单却强有力的策略可以建立学生间融洽、积极的关系，也教给学生们如何对他人的付出表达感谢和尊重。

“粉丝来信”证书

其他可以让学生更了解自己和他人的活动还有自传、剪影、人生地图、时间线、“我生命中的一天”等等。

将学生的作品贴出来，这样在“晚间教师见面会”时，学生的作品就会环绕着整间教室。

下一步：

1. 制作并打印“时间胶囊活动列表”。

2. 手边准备一些富余的鞋盒子或者大牛皮纸信封，以便没有时间准备时间胶囊容器的学生使用。

3. 制作并打印足够多的“粉丝来信”证书给你班上的学生。

4. 如果学生的展示会被打分，那么打印“时间胶囊活动规则”。

5. 用相机和录影机拍下学生的展示。

6. 在“埋葬”时间胶囊之前，检查是否有易坏物品，例如水果、蔬菜、饼干、蛋糕等。

建立学生间的联系：扩展学生影响范围

“我们认为学校不再是一个地点，并且逐渐相信它是由孩子与成人、孩子与孩子之间的关系构成的。四面墙壁的教室和校长办公室不再是学校不可或缺的、举足轻重的组成部分。”

——乔治·丹尼森[①]

愉快地选择小组

一旦学生们很好地认识了自己，我就开始与他们建立联系，并且教他们如何与他人建立联系。要做到这一点，就要在开学第一天开展寻宝游戏，并给学生分组。

我每个科目的课都会让学生分组。大部分分组是临时的，有些是固定的。进行临时分组时，我会将班级名单上学生的名字放进一个塑料盒子里，然后随机抓取名字进行配对或分组。这种方法也可以用来选择游戏或展示中最先发言的人。这样一来，就可以避免各种各样的

① 乔治·丹尼森：美国小说家，他最著名的作品是《孩子的生活》，描绘了美国第一所街头学校。

争论。如果你在上概率课，那么这种随机选择也与学习内容密切相关。比如，我会问学生："这个盒子里有30个名字，我拿了10个出来，但还没拿到你的名字，那下一个拿到你名字的概率是多少？"

学生有时会害怕和一些同学分在一组。为避免更多的问题出现，我会告诉他们这次分组会维持多久，可能只是10～20分钟左右。我告诉他们："你不是要和对方结婚，只是像现实生活中一样，一起努力解决问题而已。"我还会跟他们说，有时我也会和与我合不来的人分在一组，但在这时，我通常会在这个人身上发现我以前不知道的有趣的地方。

访谈提问是一个为社交技巧薄弱的学生建立小组融洽关系的好方法。为了建立融洽的关系，我作为破冰者，会让学生向小组里不认识的人做自我介绍。随后，在开始活动之前，我再让他们互相问对方一个问题，例如："你在周末会做的一件事是什么？"或者："你最喜欢的书、歌曲、电影、电视剧是什么？"

他们完成任务的过程中，我会来回走动，和小组成员们交谈。我会问："你对组内其他人有什么新的认识吗？"在分配新的班级座次的时候，我也会运用这个方法。变动座位之后，我会让学生采访坐在他周围的同学。这样一来，学生就可以了解班上其他的他们可能还不太了解的学生。我想让学生们知道班级所有同学的名字，也想让他们在学年末至少了解一件、两件或三件关于其他同学的事情。

成功分组的策略

成功分组的另一个关键是进行短时间的分组。10～20分钟的时长很合适，学生不仅可以认识彼此，而且还减少了陷入过多争论的可能！

将小组活动安排在教室或学校内的不同区域会对小组活动进展产生很大影响，对你所获得的活动材料的质量和数量上也有一定影响。首先，你要确定哪些学生可以进行室外活动。一些学生会因不当行为而失去这项特权，下次我们再进行小组活动时，就需要对他们进行更直接监督。

要想进行成功的分组，另一个因素需要切记，那就是设置清晰明了、容易达成的目标。这在学年之初尤为重要，在把所有学生分组之前，要先给他们概述活动目标。

预测小组活跃度

对于为期一年的分组，例如阅读课和体育课上的分组，或者为期 3 到 4 周的座位分组，我会时不时地进行社交图网练习。

根据你的喜好，社交图网可简单可细致。我喜欢问如下问题来更好地了解学生们。我会让学生在一张纸上回答这三个问题：

1. 我愿意和这个人一起坐：

第一选择 ______________________________

第二选择 ______________________________

第三选择 ______________________________

2. 如果我需要有人协助完成课堂任务，我会找：

第一选择 ______________________________

第二选择 ______________________________

第三选择 ______________________________

3. 我愿意和这个同学在一个运动队里：

第一选择 ______________________________

第二选择 ______________________________

第三选择 ______________________________

在班级名单上或者电子表格里记录下这些数据，然后用应用软件来简化这些信息构成的图表。通过这三个问题，我可以很好地了解学生的社交能力、智力能力和身体素质，以此看出谁是班上的社交、学习和运动领域的领军人物，同时精确地找出在这些领域需要支持和帮助的学生。

建立学生间的一对一联系

建立学生间联系，教他们如何与他人社交的另一个方法是深度访谈。

学生们选择一个同伴进行访谈（有时我会随机抽取名字来确定配对）。我会发放“访谈表”，然后给学生们一些时间采访彼此。

拓展活动

你可以通过让学生向全班展示与搭档进行访谈的过程，来锻炼他们的展示技巧，并将展示限制在 5 ～ 7 个问题之内。

你也可以尝试另一个活动：“我是谁”的猜谜游戏。在这个解谜类型的游戏里，我会挑选五个关于神秘学生的问题，其他学生猜测这个神秘学生是谁。一旦揭晓了答案，我就会把这名学生的照片和访谈表贴在布告栏里。

学生们学会如何采访他人之后，我会让他们去采访老师、管理人员和家长志愿者。这个方法可以让他们与每天会见到的人建立联系。

我还会在社会学 / 公民学课上用到另一个拓展活动。首先，我调查好本地区的教育委员会里每一位委员的名字和电话号码，然后让全班集思广益，想出要问每位委员的问题。随后将学生与委员配对进行一次电话访谈。在电话访谈之前，我们会先在班上进行模拟访谈，练习一下。

我还会拓展这个活动，邀请委员们来到班上，做一个与他们工作内容相关的报告。这就给学生提供了更多练习访谈技巧的机会，同时也让他们学会对委员百忙之中来到班上表示感谢。

伙伴计划

目前为止，我做过的“伙伴计划”活动，是与他人建立联系的最重要的活动。学年之初，我会问其他老师，是否可以把我的班级和他们的班级进行配对或联谊。有时他们也会主动过来问我。这是一个让学生充当低年级学生导师的好方法，可以建立学生的自尊心和自信心。我通常会让我班上的学生与其他班级进行每周三十分钟的联谊。这期间，学生们会一起做许多活动：读书、写作、做美工、科学项目和体育活动。

这对老师来说益处颇丰。于我自己而言，从他们幼儿园到5年级我开始教他们，我已经认识他们5年了，他们也都认识我。我曾让八年级的学生帮助幼儿园学生登录电脑，也曾让五年级的学生在溜冰场推着坐在溜冰椅上的低年级学生，教他们如何滑冰。

在我任教过的一所学校，专门有一个班是为有发育障碍的学生设置的。这个班里有很多学生都坐在轮椅上。于是，我就会经常让4～6名学生去帮助那个班的老师，每周一次，一次30分钟。借这个活动的机会，我的学生们可以结交与自己存在差异的学生，也学会了如何协助这些学生。我还会让学生做志愿者，帮助他们从前的老师。这些都是他们在每周五下午的个人活动时间完成的。

这对那些有行为困难的学生来说是一个好机会。有一年，我有两名学生，长久以来一直有打架、攻击性强、易怒的问题。为了帮助他们学会控制自己的行为，我让他们每天下午放学前1个小时都到幼儿园教室里去。一到了那里，他们就会和幼儿园的孩子们一起活动，并在放学时协助老师。老师非常感谢他们的帮忙，尤其感谢他们在寒冷的冬日帮忙给孩子们穿上厚厚的外套、靴子、手套和帽子。他们还帮孩子们收拾书包，把需要带回家的讲义和项目材料放进去。帮助他人的责任感对这两名学生产生了惊人的影响，他们在放学前能够冷静下来了。

学生们还结对或以小组为单位在室外种树、照料学校花园、打扫学校庭院。其他的活动项目还包括去老年人家中拜访，接待来校参观的老年人以及撰写家庭和社区传记。你还可以想出其他好主意，帮助你的班级建立这样的社群关系。

每个室外活动都非常适合拍照和录像。你可以将这些故事收录到班级新闻简报、回忆簿里，或者留作写作作业。这些活动有助于你提升班级氛围、文化、团队建设以及归属感。

幼儿园伙伴计划

多年以来，我的班级和一个幼儿园班级是伙伴班级。我的学生为了收集超级英雄的故事，将他们的伙伴们装扮成超级英雄并采访他们。学生们做了一块故事展板，总结了故事内容，然后将故事打出来，在假期放假前展示给他们的伙伴们。

有一年，我们和幼儿园伙伴们一起，做了一个关于语音意识的项目。这是那一年中最专业最令人满意的一个项目。

这个班的幼儿园老师开展了许多语音意识的活动，

她也教会了我的学生如何将这些内容教给他们的幼儿园伙伴。一整个学年，我的学生们会面向他们的伙伴，每周开展一次语音意识教学。

教学成果非常惊人：

语音意识筛查 2009—2010

泰晤士河谷区学校董事会

平均分（满分 66）：秋季学期 = 33.0

春季学期 = 49.9

差值 = 16.9

认定为“具备该技能”的学生占比：

秋季学期 = 50%

春季学期 = 76%

差值 = 26%

伙伴班级

平均分（满分 66）：秋季学期 = 30.0

春季学期 = 57.5

差值 = 27.5

认定为“具备该技能”的学生占比：

秋季学期 = 12.5%

春季学期 = 87%

差值 = 74.5%

这一结果表明，学生互助的影响是巨大的。

下一步：

1. 从装有学生名字（根据班级名单）的塑料盒中抽取或者用电脑随机生成系统选择分组。

2. 如果使用社交图网来选择分组，那么复习一下分组流程和推荐使用的应用软件。

3. 通过访谈与学生一对一交流，打印并下发访谈表。

4. 尝试与其他教师实施伙伴计划。

5. 制作一对一访谈表，打印并下发“幼儿园超级英雄故事”伙伴项目清单和故事展板。

寻求外援，让学生与他人建立联系

“众人拾柴火焰高。”

——中国谚语

作为一名老师，你很快就会明白，你无法做到面面俱到，没有将任何事都做到完美的时间、资源或是技能，你能做的只有尽力而为。俗话说得好：“完美是优秀的敌人”。了解自己的一个好处就是能够更好地取长补短。同样，你可能也想让学生多与班级以外的人交往，取人之长，补己之短。

我没什么艺术才能，但幸运的是，在我的教学过程中，有许多热爱艺术、热爱艺术教育的教职同行。想请他们来你班上上课，那么将班级合并是个好办法。你是助教，而教职同行是专家讲师，而且是艺术专家。

另一个办法是班级交换。我曾去幼儿园教授关于蜜蜂的知识（我以前做过兼职养蜂人）。同时，幼儿园老师也来到我的班上，教授艺术课程。

这样的交换无论对老师还是学生都是双赢的。学生赢在可以与其他教职同行建立联系，这些老师的强项和兴趣爱好让学生们尝到了甜头，并且乐在其中。而专家教师赢在可以请你在他 / 她的班级教授你的强项科目或者你非常想教的科目。他们还赢在可以与多年前教过的学生重聚，赢在可以针对不同年龄段的学生尝试开展不同的教学活动。而你则赢在与其他班级以及那些与你仅有一年师生缘分的学生建立了联系。当然，你也赢在可以教授一门自己擅长并且喜欢的课程。

联结学生与社区

我也曾用同样的策略建立学生与他们所在社区的联系。电脑与网络普及之初，我希望将这些新技术融入教学中，教学生如何创建网页。不幸的是，我几乎不知道如何创建网页，也没有时间学习如何创建。

于是我联系了当地的大学，将我的请求通过电子邮件，按照学生名单，依次发送给大学生们。几天之内，我就收到了几十封回信，其中两人非常优秀。他们来到我的班上，自愿花费大量时间与我的学生们一起制作网页。我为这两名志愿者写了推荐信以备未来求职之用，同时我的学生们也在新兴的计算机技术方面得到了专业的指导。

我从前任职的学校将这种做法发扬光大，资源团队在学年之初就去当地的大学招募学生志愿者。志愿者非常多，学校管理部门不得不租用了一辆校车将他们接来学校，参加在体育馆举办的志愿者交易会，以此为教师们找到志愿者搭档。交易会在放学后进行，老师们摆上一张桌子，宣讲自己的用人需求，而这些大学生志愿者们则为我校整个课后作业项目提供服务。这对所有人来说都是双赢的局面：大学生完成了大学的志愿者服务要求，我们学校的学生也获得了额外的帮助。

高中学生是另一项优质资源。他们可能曾是你的学生，你也同样认识他们的父母。一些学校设立了关于家长及其技能的数据库，老师们可以查阅。此外还有为例如医生、律师、工程师和牙医等专业人员设立的演讲社。在一个推理小说为主题的单元中，我邀请了我的牙医来给学生们讲解法医学知识，以及牙医是如何运用牙科知识识别罪犯的。

但是，在征用志愿者之前，一定要先了解你的学校和地区的志愿者政策。一些地区要求警方进行检查，完成特定的表格，并且简述志愿者的保密程序。

下一步：

1. 找一位教职同行与你合作。

2. 在交换班级与合并班级之间择其一，上一堂课。

3. 联系你当地的大学、学院和 / 或高中，招募课堂志愿者。

4. 向管理部门确认招募指导方针（例如警方的背景调查），以及志愿者和保密程序。

用责任感建立信任与尊重

“赢得信任，赢得信任，还是赢得信任。之后再担心其余的事。”

——赛斯·高汀[①]

“你必须创造一种文化，让每个人都有被认可的机会。”

——约翰·麦基[②]

要想让学生值得信任，懂得尊重，拥有责任感，就需要相信他们的责任心。最好的方法之一是在班上给学生分配有意义的工作。过去，我经常会给学生分配任务，但他们都不会去做。

这让我很沮丧，经常对他们尊重与责任感的缺失感到气愤。这就导致我不相信他们能够很好地履行职责。多年过后，我逐渐掌握了一些诀窍，能让学生很好地完

① 赛斯·高汀：美国作家、企业家，著名营销大师。
② 约翰·麦基：美国最大天然食品零售商 Whole Foods 公司 CEO。

成所分配的工作：

◎ 让学生自己选择工作，那些愿意主动承担责任的学生会比那些不愿承担责任的学生做得更好。

◎ 用公平合理的方式分配工作。

◎ 确保工作的多样性。

◎ 要凸显工作的重要性。

◎ 训练学生如何恰当地完成这项工作。

◎ 让已完成工作的学生训练他们的接替者。

确立一套成功的工作系统

一旦学生们适应了班级管理和程序，我就会拿出工作清单了。工作范围从负责考勤文件夹、管理视听设备到记录积分和做班级小秘书。我将学生姓名写在每项工作旁边并张贴出来。成功的关键在于设置一套工作轮换系统，保证每个学生都有同等、公平的机会来获取他们想做的工作。

我每个月都会抽出一节课的时间分配班级工作。头一次分配时，我将清单上的每项工作编号，公示在黑板上，再在旁边标注出每项工作需要的人数。然后从姓名抽签盒中随机抽取学生。每抽出一个名字，我会问被抽到的学生想做什么工作，然后在工作清单上记录他们的名字，并将该工作从黑板上擦除。到最后，总有那么一两项工作学生不愿意做。每年大家对工作的喜好都不尽相同！但由于是随机抽签，学生都觉得很公平。任何情况下，这些工作都只持续一个月。

下个月，所有的工作又会被贴回黑板上。这一次，我顺着名单梳理，询问每个学生，是否还想做之前的工作。根据规则，他们可以在当前职位上连任两个月，之后就必须要放弃，但可以在一个月后再次申请这个职位（如此一来，就不会有人垄断某一项特别有吸引力的工作）。我让学生秘书擦除或保留黑板上的工作，并将那些选择连任的学生的名字从“彩票”抽奖盒里拿出来。一切就绪，再随机抽取剩下的名字。和之前一样，我会问学生想做哪项工作。如果有剩下的职位，再问一问有谁愿意兼任第二或第三项工作。

遵照这个流程，你逐渐就会在学生之间建立起尊重和信任，因为你对他们的工作以及为班级承担的责任表示了尊重和信任。

接下来的这个方法是我 35 年前，首次从芭芭拉·科卢梭的书中学到的。它可以快速地建立起学生对课堂学习材料的尊重和责任心（以及如何不弄丢它们）。在她的基础上，我添加了一些内容使之更加完善。

当学生想要向你借剪刀、铅笔、钢笔、胶带或者其他课堂用具，而你想让他们用后归还的时候，请他们以一只鞋作为交换。起初，他们会用惊讶怀疑的表情看着你，有些人甚至会拒绝。但那些对我早有耳闻，或者之前几年与我相处过的学生，对此已见怪不怪了。脱下一只鞋交换要借的物品（如果借两样就脱第二只鞋）在我的班级里已成惯例。

信任的重要性

你还可以利用这个好时机教会学生，在工作中信任与责任感的意义是什么。我问学生，为什么我要拿走一只鞋。有些学生会回答，因为我想让他们归还物品，不想弄丢它们。有些学生则说我就是想要他们的鞋！

于是，我和学生们讲了我第一次买车时的经历。那时我没有足够的钱买车，所以就去银行借钱。之后我问他们："如果我向银行借钱买车，那么车归谁所有？"

"归你。"他们回答说。

"不对。"我回答他们。

"是银行。他们用我的车作为抵押，直到我还清贷款。"

有些人就明白了——他们拿走了我的车！（严格来

讲，是你向银行"抵押"了你的车，而他们拥有"扣押权"。）根据所教学生的水平，我会向他们解释所有关于贷款支付、利息和抵押的知识。我解释说，如果我不能每月按期偿还贷款，银行就会收回我的车。这节课也会引发对于抵押贷款（mortgages）的讨论。

许多学生只在饭桌上听说过这个概念，所以我会尽可能清楚地向他们解释。由于我也教法语，所以我还解释了这个词（mortgage）的起源。（即，mortgage 中的 mort 在法语中是"死亡"的意思，而 gage 则表示"一个赌注"。词源上来讲，"mortgage"就是与贷款人打赌，赌你能不能在死前偿清贷款。）

在这一年里，我会利用其他真实的案例，例如借钱和信用卡的使用，反复回顾信任的概念。我拿出 20 美元的纸币给学生看，问他们这代表着什么。然后再告诉他们，钱代表着信任，人们相信它，才会用它来买东西。我以自己旅行过的国家为例。在这些国家，民众不相信自己国家的货币，而是使用他们所相信的美元。我还向学生介绍信用卡，问他们为什么我只需出示一张信用卡，就可以出入商店 / 饭店 / 加油站。最重要的是，我问他们，为什么仅凭我的签名，就可以不用支付现金。我将这整个过程解释给他们听。

然后我问学生，为什么卖家会相信我的签名呢？这时我就会以我每个月都按时还款的例子，来说明如何建立信任。同时也告诉他们，刚开始，我的信用卡额度很低，只有遵守且尊重信用协议，才能提升额度。通过尊重自己的职责，我获得了更多特权。学生们如果能够有这样的责任心，那么他们也会像我一样。

实地考察

当你的学生能够一直保持尊重、责任心和信任，那么你就可以带他们进行校外实地考察，以此向他们说明什么是最高层次的责任心与信任。

实地考察是一个很好的学习方式，可以作为对学生的奖励并起到激励作用。在筹备实地考察之前，先阅读学校和地区相关政策。你要了解诸如许可表和医疗信息的使用问题，家长陪同的人数标准，成人与学生的比例要求，紧急情况应急措施，应急程序和应急电话号码，高风险活动以及合适的参观地点等问题。

帮学生回顾一下，在实地考察过程中有哪些行为规范要求。提醒学生，他们不仅代表着自己，还代表着学校和父母。

是否进行例如过夜考察之类的实地考察，取决于学生的成熟程度以及相关费用。根据目的地和相关费用，提前筹备过夜考察。

你也可以选择短途考察，不需要提前太久通知，也不需要过多筹备。

班级的第一次实地考察，我一般都安排去当地图书馆。考察前，我会先调查一下班上哪些学生没有图书卡。然后和图书馆工作人员一起，帮学生安排申请图书卡。对一些学生来说，这是他们第一次去图书馆参观。

充分利用实地考察

实地考察是将课程与“现实生活”中的学习经历结合起来的好方法。为此，我会让学生带着一本练习册，在上面写下人物、时间、地点、做了什么、为什么做和如何做等问题的答案，然后带回课堂。这将是一份很好的考察报告。

你也可以借实地考察这个大好时机，来观察学生在教室外、校外等其他情况下的行为举止。实地考察还是学习的好机会，你会在此过程中更了解自己，尤其是遇到突发状况的时候！

实地考察还是认识家长志愿者的好机会。我会向大家介绍这些家长，然后给学生们一个任务，让他们去了解家长们的兴趣爱好，暑假期间做了什么事，或者周末的计划。

考察结束后，学生们要给家长们一张“拍拍背，谢谢你”以表谢意。这项工作我会分配给两名学生完成，他们要将自己的手掌拓在白纸上，上色并进行装饰。在纸的最上方，要写上：

“拍拍背，谢谢：×× 先生 / ×× 太太 / ×× 女士前来参加我们的实地考察活动，帮助我们 ＿＿＿＿＿＿。”

然后，每个学生都要在这页手掌上签名。最后由我签名，落款日期，同样对家长表示感谢。这种方式虽然简单，但却对家长抽出宝贵时间参与活动表达了感谢，同时也能向学生示范如何恰当地表达感激。

我们还感谢了大巴司机和其他司机师傅。学生们下车前，我会公开表示对大巴司机的感谢，谢谢他 / 她安全地将我们载到目的地，然后再请全体学生也说谢谢。学生下车时，每个人都依次喊出司机的名字并说谢谢。你又可以借此向学生示范，如何对那些帮助你的人表示尊重。

离开教室之前，最好向学生强调一下实地考察过程中的要求，并参照学校和地区相关政策，处理不当行为所引发的后果。有些学生必须要时刻密切监督，不然在类似实地考察这种自由性较强的环境中，这类学生会非常难以管理。其他曾经在实地考察中有过不良行为的学生，可能需要禁止他们同行。是否要拒绝某些学生参加考察活动，取决于学校和地区相关政策。

我曾对一个班级做过的最艰难的决定之一，就是因为不良行为而取消年终考察活动。我坚信，学生需要自己争取年终实地考察的权利。有时候，学生会觉得自己理所当然有资格参加。其他人则自然而然地认为考察还会继续，就当他们的行为没有出现过。你可以借此机会，在做出一些可能不太受欢迎的决定时，展现自己的领导力。

29 年的教学生涯里，我只取消过两次年终出行。情感上，要做到这一点非常困难，尤其是在这年末的炎炎夏日，晴空万里，其他班级都去实地考察了。但是，这项决定给下一届来我班上的学生发出了一个强烈的信号：我心口如一，言出必行。这正是在确立你作为老师的诚信和声誉。

下一步：

1. 让学生选择班级工作。制作工作清单。那些愿意主动承担工作责任的学生会比那些不愿承担的学生做得更好。

2. 分配工作时要公平合理。

3. 确保工作的多样性。

4. 强调工作的重要性。

5. 训练学生如何恰当地完成工作。

6. 让做过该工作的学生培训岗位的接替者。

7. 准备好实地考察材料。

8. 让学生带上一本练习册，回答人物、时间、地点、做了什么、为什么做和如何做等问题，并将答案带回班级。

9. 给所有实地考察志愿者发一张“拍拍背，谢谢你”。

第三章

夯实基础

如何跨越阻碍

“悲观者抱怨风向，乐观者期待风向改变，领导者调整风帆。”

——约翰·麦克斯韦尔[①]

许多办法都可以帮你克服教学过程中的阻碍。办法之一是选择正确的时机。例如，永远不要在你生气的时候处理班级突发事件，这不是个好时机。不要发脾气，保持冷静，咬紧牙关，然后等待片刻。等你整理妥当，再去处理特别棘手的情况。我以前的副校长曾告诉我，当你感觉怒火中烧的时候，不妨从 1 数到 10。

第二天，再以沉着、冷静、泰然的姿态宣布处理办法，这样做可以给你整理思绪和分析问题的时间。有时候，学生也可能是你最好的资产。为了解决问题，我经常利用一上午的时间来听取学生的意见。找到解决课堂问题的办法的关键，在于不要马上追责。相反，遵照以下这

① 约翰·麦克斯韦尔：全球杰出的领导力专家、思想家、深具活力的激励演讲家，每年对超过 35 万人次演讲。

个简单的模式，问一问自己，你就可以解决大多数问题：

◎ 问题是什么？用清晰简洁的语句进行描述。

◎ 引发问题的原因是什么？

◎ 我们要怎么做才能改善当前的处境？（或者，我们可以做些什么来解决问题？）

关注问题本身，不如想想如何解决问题

有一年，我是学校7、8年级学生的指导老师。一天，一位代课老师非常心烦意乱地离开了我正要去上课的班级。很快我就知道了原因。班上的学生吵闹喧哗，粗鲁无礼，还不坐在座位上。一抬头，我看到天花板上还被铅笔打了很多洞。他们在代课老师上课时，削尖铅笔，反复往天花板上扔，直到铅笔戳进去被卡住。

做了不恰当的事情被“抓包”，学生们的反应通常都各式各样。一种是否认他们做了错事，另一种是责怪他人，还有一种是保持沉默，一语不发。

首先，我会非常冷静地告诉学生，我来不是要责怪任何人，只是想弄清楚事件的前因后果，然后思考如何改善当下的情况。我使用了一种“圆桌技巧”，请每个学生提供信息，但是不要做任何评判。我想让他们都参与进来，提供不同视角的信息。经过一番讨论，我们找到了问题所

在，那就是全班同学对代课老师很不尊重。然后，我们又讨论了引发这个问题的原因。这一次，我将每个愿意参加讨论的学生的名字写到黑板上，学生每每讲完，我就在他们名字旁打个钩。所有人都可以借此机会发言。之后我们又讨论了如何改善现状。这次我还是用同样的方式让学生发言，让大家共同想出一个应对问题的解决方案。

通过倾听学生，并示范如何尊重他人，我可以让他们与我合作。让他们尊重事件处理程序、尊重我、尊重彼此，并且看到这一系列尊重的结果。

我还多次运用这套程序，非常成功地解决了学生间互相嘲笑、霸凌和打架等问题。

下一步：

1. 不要发脾气，保持冷静，咬紧牙关，等待片刻。

2. 第二天再以沉着、冷静、泰然的姿态宣布处理办法。

3. 遵照以下这个简单的模式，问一问自己，你就可以解决大多数问题：

• 问题是什么？用清晰简洁的语句进行描述。

• 引发问题的原因是什么？

• 我们要怎么做才能改善当前的处境？（或者，我们可以做些什么来解决问题？）

做出改变

“我不介意改变，只是不喜欢改变发生时的无能为力。”

——艾德里安·蒙克（电视剧《神探阿蒙》主角）

有时候，要想让班级运转顺利，改变是必要的。这种改变可能是重新安排座位，打散班级小团体或者强化班级规则、惯例和程序。有时，一整年下来，疲惫乘虚而入。我们都会有点缺乏动力和毅力，然后就让一些事情得过且过了。你的默许就是容忍，而你的容忍会加剧被默许的行为。

一个可以帮你有效应对改变的练习，是为你自己创造一个班级的理想图。问问你自己：“我想要一个什么样的班级？”当班级状况开始滑坡的时候，你再问问：“我要做点什么才能让班级回到理想轨道？”这与飞行员的做法如出一辙。他们为应对意料外的天气状况、气流、顺风和航道交通，会多次改变航线，以引领飞机到达目的地。

强化改变的最佳时机

有一些时机最适合强化纪律条例、规则、管理和程序。当问题出现时，抓住它，并及时改变它。对于那些接二连三出现的问题，只需重复这个过程直到完美解决。体育课上，如果不断有许多的争吵出现，那么你可能就要取消这节课，然后向学生简要说明情况，指出问题在哪，如何改正。再上体育课时，你还是可以这么做。

为了做出一些细微的改变，我喜欢在周一时调整课堂管理。周一的时候，我刚刚返工，学生也还未从周末的余韵中收心。早上，我的第一件事就是和学生交谈，强调一下上周他们做得好的地方，之后再指出一套他们完成欠佳的班级程序，比如没能保持课桌整洁，在任务间隙讲话，或者没有好好排队。

如果我需要做大的调整或者重点强调某事，我会在节假日或者一年中的自然休息日，例如寒暑假或者主要教学单元间隙，宣布这些调整或进行强调。

第一学期结束，圣诞假期后，以及元旦假期返校时，我喜欢从新年愿望以及新的单元开始，帮学生回顾之前设立的目标。

新的一年——好好开启

新年是重新开始的好时机，就像你在 9 月份开学第一天一样。这是一个给全班进行目标强化的机会，也是回顾第一学期你和学生们优异表现的机会。毕竟，单词 January 来源于古罗马两面神 Janus，他是门神和起源之神。他的一只头回首过去，另一只头展望未来。你和你的班级也是如此。

我是这样开启新的一年的。当学生进入教室时，我给他们一张纸，让他们照着我黑板上的三个愿望抄写下来。这个练习告诉学生们，新的一年就是新的开始。以下是我给学生列出的三个愿望：

1. 我们要更多地做什么事？

2. 我们要改进什么？

3. 我们不要再做什么？

学生完成后，我将他们的清单折起来放入学生文件夹中。之后，在最后一学期开始之前，我会采访每个学生，询问他们的愿望是什么，有没有实现。

2 月是一个新的开始，是设定目标、下定决心并为之全力以赴的时候。因此，我基于迈克尔·乔丹的电影《极限乔丹》，花了些时间，设计了一个目标设定单元。

我努力在假期恢复活力、重整精神，除了提前观看迈克尔·乔丹的电影，还观看了对老师颇具用处的电影。我喜欢看《死亡诗社》、《皇家俱乐部》和《十二怒汉》（以此回顾十二种不同的学习风格和性格类型，以及如何应对它们）。

3月春假过后，本学年只剩最后一个学期。我喜欢回顾一下迈克尔·乔丹的关于失败的名言：

"我职业生涯中一共投丢了9000多个球，输掉了将近300场比赛。有26次人们都相信我能绝杀制胜，但我都没能投进。我在人生中失败了一次又一次，而这正是我成功的原因。"

迈克尔永不言弃！

长假是观看并讨论电影的好时机，例如《冰上奇迹》《阿波罗13号》《甘地传》《伴你高飞》《指环王：魔戒再现》《杀死一只知更鸟》《龙威小子》《别有洞天》《小鬼魔鞋》《怪诞星期五》《贱女孩》《蜘蛛侠》《我喜欢麦克》《真爱无尽》《海角乐园》《公主新娘》《黑水晶》等等。

学年末，我会播放《回到未来》，这部电影展现了过去发生的事件是如何影响未来的。经典电影《生活多美好》也生动地展现了什么是因果关系。

请注意：一定要审核你要放给全班的电影，有些电影可能并不适合低年级看。

同时，确保你播放这些电影是合法的。班级电影放映可能会被视为“公开表演”，只有在获得许可后才能进行，因此要向学校/地区管理部门查询要播放的电影是否已购买版权。

另一个可以温和地对整个学年的纪律条例、规则、惯例、程序和价值观进行强化的方式，是大声读书。我根据学生的类型，为他们量身定制了一些可以大声朗读的书籍。多年以来，我一直给学生朗读乔恩·席斯卡的《时间错位三重奏》。这是一部系列读物，尤其吸引男孩子和不太爱读书的人。通过《时间错位三重奏》系列图书，我用一种有趣的方式，向学生展现接受教育的价值，合作、集体决策、宽容、尊重他人、多样性和多元文化的价值，以及创造性问题解决的价值，而不是让学生又上一节说教课。目前，这系列的图书和主题已经被改编成动画片。

作为老师，我的主要目标之一就是教会学生阅读。我的许多学生的阅读水平都低于他们的年级水平，有些甚至落后了长达三年！不幸的是，这之中的大多数都是男生。

以下链接是帮助男生（和女生）提高阅读能力的优

质资源:《让我看书？不可能！提高男生读写能力使用指南》http：//www.edu.gov.on.ca/eng

这套指南可以通过以上网址免费获取。该指南是安大略教育部门发起的一项预备计划的组成部分之一，用以帮助学生在读写能力方面取得成功，尤其关注男生的读写能力。

这套指南为世界范围内那些成功的男生读写项目，提供了丰富的实践与策略来源。教育者们也可以利用这些方法，为男生女生们创造趣味盎然、富有吸引力的学习环境。

这是一套很棒的资源，有很多不错的技巧。我强烈推荐。

如何使班级脱困

“刚刚的你决定现在的你，现在的你决定未来的你。”

——佛家

“你不能决定你的未来，但你能决定你的习惯，而习惯决定你的未来。”

——史蒂夫·梅尔[①]

有时，事情进展并不会那么如你所愿。你或者你的班级会裹足不前，缺乏动力，陷入困境。

困境无处不在，但在班级的学习之旅中，也有很多方法可以助你脱困。

助记符

难以理解的学习概念会妨碍学习，我在教五年级学生长除法的时候深有体会。年复一年，我都能体会到他们的痛苦，直到我发现了助记符。

① 史蒂夫·梅尔：企业家，创业专家，律师，媒体公司 CEO，演讲家。专门教人们如何创业以及如何进行商业规划。

助记符是一种通过字母或短语或图像，来记忆短语或概念的方法。有名的助记符包括以下几种：

• 生物分类：

Kids Prefer Cheese Over Fried Green Spinach.

（相比绿油油的炒菠菜，孩子们更喜欢芝士。）

（Kingdom 界，Phylum 门，Class 纲，Order 目，Family 科，Genus 属，Species 种）

• 高音谱号音符：

五线谱的线：Every Good Boy Deserves Fudge.（E，G，B，D，F）.

（每个好孩子都可以获得一块软糖。）

五线谱空隙：Furry Animals Cook Excellently.（F，A，C，E）.

（毛茸茸的动物很会做饭。）

• 低音谱号音符：

五线谱的线：Good Boys Do Fine Always.（G，B，D，F，A）.

（好孩子总是做得很好。）

五线谱空隙：All Cows Eat Grass.（A，C，E，G）.

（所有牛都吃草。）

• 行星排序：

My Very Excited Mother Just Served Us Nine Pies.

（我的母亲非常兴奋，刚刚让我们吃了九个派。）

（Mercury 水星，Venus 金星，Earth 地球，Mars 火星，Jupiter 木星，Saturn 土星，Uranus 天王星，Neptune 海王星，和 Pluto 冥王星）

或者没有 Pluto 冥王星：My Very Educated Mother Just Served Us Noodles.（我的母亲非常有教养，刚刚给我们做了面条。）

• 数学运算顺序：

Please Excuse My Dear Aunt Sally.

（请原谅我亲爱的阿姨赛丽。）

（Parentheses 括号、Exponents 次方、Multiply 乘、Divide 除、Add 加、Subtract 减）

• 从西向东五大湖的顺序：

Super Man Helps Every One.

（超人帮助每个人。）

（Superior 苏必利尔湖、Michigan 密歇根湖、Huron 休伦湖、Erie 伊利湖、Ontario 安大略湖）

• 五大湖的名字：

HOMES.（家庭）

（Huron 休伦湖、Ontario 安大略湖、Michigan 密歇

根湖、Erie 伊利湖、Superior 苏必利尔湖）

• 前八位美国总统：

Will A Jolly Man Make A Jolly Visitor?

（快乐的人会成为快乐的访客吗？）

（George Washington 乔治・华盛顿、John Adams 约翰・亚当斯、Thomas Jefferson 托马斯・杰斐逊、James Madison 詹姆斯・麦迪逊、James Monroe 詹姆斯・门罗、John Quincy Adams 约翰・昆西・亚当斯、Andrew Jackson 安德鲁・杰克逊、Martin Van Buren 马丁・范・布伦）

• 英格兰和大不列颠王室：

No Plan Like Yours To Study History Wisely.

（没有一个计划能像你的这个计划一样，让人聪明地学习历史。）

（Norman 诺曼、Plantagenet 金雀花、Lancaster 兰卡斯特、York 约克、Tudor 都铎、Stuart 斯图尔特、Hanover 汉诺威、Windsor 温莎）

• 美国宪法的七大条款：

Large Elephants Jump Slowly And Sink Rapidly.

（大象跳得慢，沉得快。）

（Legislative 立法、Executive 行政、Judicial 司法、Supremacy 主权、Amendment 修正案、Statehood 州的地

位、Ratification 批准）

我使用的长除法助记符是 EDMSB：Every Dead Monkey Smells Bad（所有死猴子都很难闻），即解决除法问题的五个步骤——Estimate（估算）、Divide（除）、Multiply（乘）、Subtract（减）、Bring down（降次）。

这种方法成功的关键在于演示。在教长除法的两天前，我会不经意地对学生说“Every Dead Monkey Smells Bad（所有死猴子都很难闻）”，对每个排队进班的学生说，在数学课之前说，还把它写在学生的规划簿里。

上这节课当天，我会制作一张海报，解释助记符的概念，并对长除法的步骤一步一步地进行描述。

设想或动觉记忆法

另一个帮助学生记忆概念的有效策略是使用设想或动觉记忆法。上数学课时，我会这样做：

教直角时，让学生用他们的胳膊摆成一个直角。（让他们露出肌肉！）

教锐角时，让学生把摆成直角的手臂往身体方向收，使角度变小。

教钝角时，让学生将摆成直角的手臂远离身体。

我还用这个策略帮助学生记忆报纸上的故事：

让学生站好。

记忆标题时，让学生摸自己的头。

记忆发稿日期时，让学生用手指画一条线。

记忆署名行（byline）时，让学生挥手说再见（goodbye）（译者注：by 与 bye 同音）。

记忆主体部分时，让学生画出身体的轮廓。

记忆结尾时，让学生将双手放在屁股后面。

我还用动觉记忆法，给学生提供了一个关于测量的具体例子。讨论珠穆朗玛峰的高度时，我们会走出教室，到足球场上去，走 100 米。我告诉学生，在垂直登顶珠峰的过程中，攀登者要重复超过 80 次这样的过程。

如果优秀的运动员可以利用设想练习来达到最佳表现，那么我们的学生也可以。这里举三个例子：

传奇拳击手穆罕默德·阿里一直强调，在真正的比赛之前很久，就坚信自己会取得胜利是非常重要的。

当金·凯瑞[1]还是一名正在奋斗的年轻演员时，他曾经常常想象自己是世界上最伟大的演员。

迈克尔·乔丹在现实生活中投出一记绝杀前，经常在脑海中练习。

① 金·凯瑞：加拿大裔美籍演员、编剧、制作人。凭借剧情片《楚门的世界》获得美国电影金球奖最佳男演员奖。

以下是我与学生们做的两个设想活动。语言艺术课上，我让学生在我给他们朗读故事的时候闭上双眼，然后让他们在脑海中形成画面或小电影。这个练习可以帮助他们更好地记忆和欣赏我们朗读的小说。

在数学测试前，我也会做一个设想练习。我关掉灯，放一些舒缓的音乐，让学生低下头，趴在书桌上，闭上眼睛。

我让学生在脑海中设想一下上次数学测试的场景：

“在脑海中回想一下你犯的所有错误，用一块橡皮把它们全擦掉。现在，看看你的新试卷。想象你把所有空白处都填上了答案，每个答案旁都有一个对钩。你看向试卷顶端，可以看到你的名字。在你的名字旁边，你看到了满分 100 分，‘完美’，‘非常好’等字样。你看到自己因为这次完美的数学测试，获得了‘我做到了’奖状。你将奖状拿回家给你的父母看，他们微笑着祝贺你。”

如果全班太吵闹，很难让他们安定下来，我也用同样的方法：

我会等到课间结束后或者午饭后再实施这一策略。我打开轻柔的音乐，通常是瑜伽或冥想用曲，可以是亚马逊雨林的声音，也可以是海浪轻轻拍打海岸的声音，总之是使人放松的场景。我将灯光调暗，或者直接关灯，让学生坐到座位上，将头低下去。我告诉他们：“你们没做错什么，我们只是需要在脑海中倒一下带。你只需放松，沉静下来，然后我才能上课。”这个活动会持续10～15分钟，是使学生安静下来，并为下节课的学习做好准备的有效方法。

我拓展了这个活动，用作一周小结。在体育课上，我会用最后10分钟做一下设想练习：

我让学生在垫子上躺好，闭上眼睛。我关掉灯，然后回顾过去的一周。我会提到一些非常棒的事情，感谢某些同学和教职员工。还会提到一些我们需要重点关注并改进的事情。我还会展望下周会进行的活动，提醒学生学习项目的截止日期，以及要准备哪些考试。最后祝他们度过愉快的周末。

以下是体育课上听力指导活动的样板：

将注意力集中在你的呼吸上，关注你的呼吸，用鼻子吸气，用嘴呼气。

想想过去的这美好的一周。

周一，你在小组内和大家一起学习了多边形的定义。之后你们互相帮助，回答数学小练，做填字游戏。

周二，你和游泳的小伙伴一起去泳池。学校还为攀岩者开放了攀岩墙，我还看到你们中的许多人都鼓励彼此登顶。你们都玩得很开心，在一起相处得很融洽。

周三，一些人并没有互相尊重。你们不认真听对方讲话，就像《侏儒故事》里那样。然而，和《侏儒故事》不一样的是，许多人对发生的事表达了歉意。你们改正了错误，让事情越来越好。

虽然我们各不相同，但都需要倾听他人，互相支持，互帮互助。我们就像一个大家庭，分享同一间教室，是团结的集体。

一定要系好你的鞋带，注意安全，周末愉快。

当我告诉学生设想活动的好处时，他们总表示怀疑。即使我告诉他们，在设想活动过后，我的壁球游戏效果得以提高，也依旧有人怀疑。于是，我开展了以下活动：

让学生先站好，然后告诉他们：

“我想让你们将双脚分开 8 ～ 12 英寸（20 ～ 30 厘米），与肩同宽。确保你的手里没有任何东西（笔、笔记本），把它们放在桌子上就行。我演示过程中，注意看我。接下来，我会让你抬起右臂，我会抬起自己的左臂做你的镜像。然后你要做的是，转动你的身体，转到不能转为止。不能再继续转之后，注意，此时从你的指尖向外发出了一道激光。记住你的胳膊不能再转动时所指的那个点。好，那我们就开始了。之后，我会让你们看到，设想活动能够有效提高你们的表现能力。

“千万别用胳膊撞到别人的头！确保你转动的过程中没有人挡住你，因为我一定要确定你停止转动是因为你不能再转了，而不是因为被什么东西挡住了，比如某个人的头！你的脚要粘在地板上，保持不动，只移动你的胳膊和身体。这样你们才能公平地比对结果。

“好，那么举起右胳膊。开始转，能转多少转多少，不能再转时，注意你的手指向哪里。然后像数码相机那样，在你脑海中把所指的地方拍个照片，记住左右分别有什么，然后回到中间。

“现在，闭一会眼睛，我要让你设想一件事两遍。想象一下你又一次举着右胳膊，不要真的去做哦。你正让它绕着你的身体转动，直到到达你上次停住的那个点。但是这次，你可以再多转 1 ～ 2 英寸，但不会感到疼痛或紧绷，甚至还能转更多。在你做的过程中，在脑海中创建一个新的画面，上面是你指向的地方。根据你上次在脑海中拍下的数码照片中的信息，判断现在你正指向哪里，让画面尽可能地清晰准确。一些人会看得很清楚，一些人则不行。尽可能地去看清楚，如果可以，让它变成彩色的。然后，想象你把胳膊转回了中间，放到身体两侧。闭紧你的双眼，将这个过程再想象一遍。想象你举起了右臂，绕着你的身体转动，到达第一次指向的点，然后再转 1 ～ 2 英寸，到达第二个点，注意这个点周围有什么，记下清晰的画面。运用你的想象力。好，把你的胳膊转回中间，放在身体两侧。睁开眼。这就是我们要做的。我们要再次举起胳膊，再转一次，尽可能地转，看看我们能转多少。一起来看看究竟会发生什么吧。来，开始。好，回到中间。有多少人能再转更多，请举手。非常好，请坐吧。”

这个练习说明，如果我们设想某事的结果，我们的身体就能做到它。我每次在班上，和朋友、亲戚或者我自己这样做时，都会有同样的结果。你们可以自己试一试，然后再和班上学生试一试。

以下是教学生如何倾听他人的助记符：

S 坐直（Sit up）

L 听（Listen）

A 问答（Ask and Answer questions）

N 点头（Nod）

T 跟着说话者的思路（Track the speaker）

把这些做成海报，和全班同学一起复习，直到成为一种使用习惯。

团队合作

如果学生因为团队合作而发生口角，你可以给他们举这个例子：

一个交响乐团的指挥想向观众展示团队的概念。交响乐团开始演奏时，他一个接一个地将演奏者和乐器移除，直到什么也不剩。他告诉观众，每位演奏者和每个乐器对乐团来说都是重要的，好音乐只能由全体成员演奏。

这个例子延伸到课堂上，在体育课上可以得到充分体现。在篮球、棒球、排球等团体运动中，从一支队伍里移除一名队员，直到只剩下一名队员，但一个人永远不会强于整支队伍。

听从指令

有一年，我教了一个非常难带的班级。快到学年末的时候，我越来越灰心丧气，我努力让全班听从我的指令却无济于事。在这场战斗中，我败北了，全班都知道。

我非常焦虑却无计可施。

我的同事告诉了我他正在读的一本书，书中有些不太一样的技巧。我很怀疑，这么简单易行的技巧对这么难带的班级估计不会有用。但我还是尝试了一下。结果我的下巴都惊掉了，这个技巧竟然对我最好斗的学生如此有效。

我第一次使用这个技巧，是在学生课间过后来上课的时候。一些学生一边和朋友聊天，一边不紧不慢地往座位上走。这时，我使用了这个技巧：“我需要你们全部坐到座位上去。很好，我需要看到5个人，4个人。现在是3个人，还是3个人。两个人，还是两个人。现在是一个人。差不多了。谢谢大家，我们开始上课吧。”

我非常惊讶，这简直是那个学年最后几周的救命稻草。

服从指令

以下是我首先在9年级开展的一个活动，它以一种有趣的方式，强化学生服从指令的能力。

姓名 ________________ 分数 ________________

你能服从指令吗？

1. 行动前认真阅读每条要求。

2. 在本页右上角写上名字。

3. 将第 2 句话里的“名字”两个字圈出来。

4. 在左上角画 5 个小方格。

5. 在每个方格里画“×”。

6. 在每个方格周围画一个圆圈。

7. 在这张纸的标题下面签名。

8. 在标题后面，写上“没错，是的，我可以”。

9. 用圆圈圈出第 7 句的整句话。

10. 在这张纸的左下角画一个“×”。

11. 在你刚刚画的“×”周围画一个三角形。

12. 在这张纸背面，将 703 与 66 相乘。

13. 用长方形圈出第 4 句话中的“角”字。

14. 当你做到这里，大声喊出你的名字（不带姓）。

15. 如果你到这里为止都认真服从了指令，请喊出：“是的。”

16. 在这张纸背面，用 8950 加上 9350。

17. 在答案周围画上圈，再在圆圈周围画上方格。

18. 用你的铅笔尖在这张纸的顶部戳 3 个小洞。

19. 如果你是第一个做到这里的，请大声喊出：“我是第一个做到第 19 题的，接下来由我发出下面这些指令。”

20. 在这张纸左侧的所有数字下画线。

21. 大声喊出:“我马上完成了，我服从了这些指令。”

22. 现在你已经读完了所有问题，不用管所有这些句子，除了这句话和头两句话。

激发好奇心

找一个物品放在一个盒子里包好，可以是小首饰盒或者鞋盒子。每天让一个学生问一个问题（例如，里面是动物、蔬菜还是矿泉水？）。虽然这个活动不费什么时间，但学生每天都会期待它，直到谜底被揭开。

自控力

一些学生自控力很差。当发生一些事情时，他们会认为别人是故意这样做的。例如，当被队伍后方的人推搡时，他们会转过身，打其他同学。我问他们，如果在后面站着的是一位老奶奶，会打她吗？他们说:“不会。”我问为什么，然后一起讨论了原因。随后我们谈到，推你的学生可能绊倒了，或者有人从后面推了他们。

想要探讨不同观点，全面地看待引起争议的事件或情况，我用过最有效的方法之一就是一个残破的易拉罐（我还用过空的甜甜圈盒子，重新封装过的空盒子——用于盛现在很流行的像糖果一样的麦片，等等）。虽然易拉罐就像是满的一样，但其实是空的。拉环还在原处，也没有开口。我把罐子给学生看，让他们描述一下这是什么。讨论过后，我轻轻地将罐子投给一个学生，他/她马上就明白罐子是空的了。我告诉学生们，未知全貌，不予置评。在你了解所有事实之前，不要认为你很了解这件事。

改变态度，从一字一念开始

我在班上挂着一张海报，上面是《星球大战2：帝国反击战》中的尤达大师。在尤达下方，是这样一句话：

“不！不要这样。要么就做，要么放弃，没有尝试一说。”

大多数学生都知道这句话。我用以下这个活动，来解释这句话的意思：

- 将一张纸放在地板上。
- 让学生试着捡起来。
- 当学生去捡纸的时候，让他停下，然后说：“我想让你试着捡起它。”

学生很快意识到不可能有“试一试”，做就行了。

做这个活动是为了提高全班对自我对话的态度和认识，这与克服困难和目标达成息息相关。

虽然这个练习是针对学生的，但作为老师的我也可以做。它可以适当地提醒我，在教学时去审视自己的自我对话、态度和认知。在一切进展顺利的时候，做这样的练习很重要，在沮丧的时候更为重要。

为了说明如何通过提高我们的自我对话能力来克服困难，达成目标，我教授了以下课程。这节课是基于一个名叫“安息吧：‘我不能’告别式”的故事，该故事是奇克·默尔曼老师为第一部《心灵鸡汤》丛书所作。目前，该系列丛书已经在《心灵鸡汤·中学教室版：6—8 年级》中更新了一个教学计划，一些学生活动和教学小窍门。

我会将一张纸发给学生们，让他们写下所有他们“做不到”的事。该活动持续大约 10 分钟，我也会参与。

我将所有纸张放入一个电镀桶中，然后我们来到操场上，将这些借口全部烧掉。我在这场葬礼上念道：

“同学们，请拉起手，低下头。

“朋友们，今天我们齐聚在此，来纪念‘我不能’。和我们在一起的时候，它影响了每个人的生活，这种影响有大有小。很不幸，它的名字曾在每个公共场所被提及：学校、市政厅、州首府，甚至是在国会山。

“我们为‘我不能’提供了一个安息之所，它虽然不在了，但它的兄弟姐妹‘我可以’‘我愿意’以及‘我会好好做’依旧存活于世。它们不像这个著名的亲戚那样臭名昭著，也没有它身强力壮。或许有一天，在你的帮助下，它们也可以在这个世界上留下更加波澜壮阔的印记。

“愿‘我不能’安息，愿在场的每个人都能在它不在的日子里，重新开始生活，继续前行。阿门。”

之后，我们回到教室，吃蛋糕和冰激凌抖擞一下精神。我让一名学生画一块墓碑，写上我们埋葬“我不能”的日期。每当学生告诉我，他们做不到某事时，我就指着这张海报，提醒学生，我们已经埋葬了“我不能”。很多时候，我也会看着那块墓碑海报，在“我不能”时提醒自己。

除了走出教室，火葬“我不能”，你们还可以将它们放到碎纸机里，然后将碎屑装进一个透明盒子中，放到安息墓碑下方，以此提醒全班学生曾经的“我不能”。

这节课还可以拓展为观看尼克·胡哲的视频《无腿无臂，无忧无虑！》。

想象一下生下来就没有手臂的生活。没有手臂拥抱他人，没有双手感知世界，也无法牵起另一只手。那么，生下来就没有双腿会怎样呢？不能跳舞、走路、跑步，甚至不能站立？现在将这两个场景放在一起——没有手臂也没有双腿。你会做什么呢？这会对你的日常生活产生怎样的影响呢？而这就是尼克·胡哲的故事。

（请注意：你需要确认这些教学计划是否适合你的班级，是否符合管理部门规定和家长的期待。）

这节课也可以进行拓展。让学生在一张纸上写下所有他们能做的事情，然后将纸张收上来，放入学生的个人档案中，让学生定期回顾。你也可以将它们张贴在下面这张“我做到了”海报旁边，提醒学生他们能够做到哪些事：

我引用圣雄甘地的一句话来总结这节课，即，从一字一念开始改变态度：

“保持积极的思想，因为思想造就言辞。

“保持积极的言辞，因为言辞造就行为。

“保持积极的行为，因为行为造就习惯。

“保持积极的习惯，因为习惯造就价值观。

“保持积极的价值观，因为价值观造就命运。”

有趣的课堂机智

为了改变既定节奏，让课堂变得更加有趣，我偶尔会运用一些“有趣的课堂机智”。“有趣的课堂机智”指一些特殊的、意想不到的事情。这些惊喜会打破常规。例如，我会让全班翻开课本的某一页，安静地阅读5分钟。然后让他们合上书，告诉我：这一页的第一个字是什么？标题是什么？说出你所读的这页中的三个内容。刚开始的几次，学生很难回答上来这些问题，但这些时刻也是具有教学意义的，可以用来强调谁、什么、什么时候、哪里、为什么和怎么样等疑问词，也可以借此强化学生的专注力和注意力方面的技能。

为了鼓励学生，提高写作的真实性，我每天给学生安排一篇主题日记。例如这样的主题：“如果一匹马在午餐时间飞奔进餐厅，你会做什么？并描述你的感受。”我会让学生花几分钟时间回答这个问题，然后告诉他们，我会扮演这匹马来加以说明。我指导每个学生扮演他们正在餐厅吃午餐的样子，或者正与朋友聊天。随后，我关掉灯，在这一片黑暗中，学生们唯一能听到的就是马的呼哧声。开灯后，一旦尖叫和笑声平息下来，我会让他们写下与一匹来路不明的马共处黑暗中的感受。

为了向学生强调要在作业上写上名字，我收上他们的作业纸后会放进一个购物袋里。每拿出一份写了名字的作业，我就会给全班加一分或者发一根棒棒糖。我发现，这种有形的奖励是一种有效而有趣的强化方式。

有时我会模拟消防演习，以此观察学生对演习程序有何反应。演习是练习消防逃生流程的很好的方式，也可以调节课堂节奏。

学习一个科目的原因

法语这门课很难教。学生需要知道他们为什么学，尤其是像学习一门新语言这样困难的事情。下面我使用过的这两种策略，在其他科目上也可以采用。

学习法语的十大理由：

10. 当你在法国或者魁北克地区，甚至在非洲、亚洲和中东的某些地区，法语能让你和生活在这些地区的人交流。世界上有超过 2.2 亿人说法语。

9. 不用离开加拿大，就可以和说法语的人交流。

8. 提高你的英语能力。

7. 为了旅行学习一门语言。法国是全球旅游胜地，每年会吸引超过 7950 万游客。巴黎也是世界上最美丽的城市之一。

6. 可以增加你的就业机会。

5. 可以了解法国不同的地方、音乐、电影、戏剧、时尚、舞蹈和文学。

4. 可以学习法国历史。

3. 可以学着去欣赏（以及点）美味的法国食物。

2. 让你的思维更敏捷。

1. 让你成为一个有趣的人。

完成课堂任务后，可以做什么？

我将下面这张海报贴在班里，提醒学生完成课堂任务后，可以做些什么：

数学

• 记忆数学运算法则＋－ ×÷

• 复习数学概念和公式

语言艺术

• 安静阅读

• 写一篇故事

• 记忆复杂单词的拼写

补习

• 家庭作业

• 做考前复习

整理物品

• 文件夹、活页夹、课桌。

Tempus Fugit[①]——岁月如梭

开学第一个月，学生在课堂上安静下来，直到开始完成任务所用的时间，我会悄悄地记录下来。我还会记录学生们上课前、午休过后、吃午饭时以及下午大课间休息后排队进班的用时。一个月内，每周记录 1 ～ 2 次，以此数据作为基准。第二个月结束时，这些时间通常都会有所增加。于是我会教学生“增量”的作用。如果我们一天浪费 10 分钟，这样做 100 天，我们就失去了 1000 分钟。1000 分钟等于 16 个小时多一点点——超过了 2 天的教学时长！而这些日子，举个例子，我们本可以去游泳或者进行实地考察。我还告诉他们，我们在切换下一项课堂任务时浪费了多少时间，还有课间换教室时浪费了多少时间。当学生第一次以这样的方式意识到时间的流逝时，他们也会开始对自己的行动更加负责。我会用同样的方式，告诉学生在 20 年、30 年和 40 年间吸烟的花费。我有时会问：“你们想不想免费得到一栋房

①Tempus Fugit：法语，意为“时光飞逝，岁月如梭”。

子？”然后向他们说明，如何省下一天两包烟的钱来买房子。

用更多有趣的活动终结课堂沉闷

运用以下这些有趣的活动来终结课堂上的沉闷，也是一种帮助班级脱困的方式：

- 幽默：讲土味笑话
- 到附近的小山丘滑雪橇
- 游泳
- 滑冰
- 在雪地里踢足球
- 在雪地里打“冰上扫把球”
- 设计一个“无坚不摧”的盒子来装鸡蛋，然后从学校楼顶向下扔进行测试
- 在课堂上将气球当作排球打
- 给学生一段个人活动时间
- 举行抽奖活动 / 拍卖会
- 临时课间——在你的监督下，早下课并离开教室
- 举办一场口香糖吹泡泡大赛
- 举办万圣节、圣诞节以及学期末班级派对
- 设置特殊节日：帽子日、6 月圣诞节、2 月沙滩节

等等

• 举办一场纸飞机大赛

• 在体育课上，让各小组用卫生纸将一个人像木乃伊一样包起来（与埃及相关的教学单元完美结合）

• 玩“20 个问题”游戏

• 举办一场拼写大赛

• 教学生如何下国际象棋

特殊教育班级专用的终结课堂沉闷的活动：

• 艺术——我认识的一位老师，让学生将一张空白的美术纸贴在书桌下面，然后他让学生们面朝上躺下，在这张美术纸上画画。他告诉学生们，米开朗琪罗就是用这种方式，在西斯廷教堂的棚顶上作画的。

• 数学——让学生两人一组，完成“量量我”活动表。

有时候，你不得不实话实说

课堂上，有些事情你可以置之不理，但有些事你必须着手解决。

学年初，我让学生们围坐在一起，然后对他们说了以下的话。

首先，我想说，我爱你们所有人，很爱很爱。我相信你们，知道你们可以解决接下来这件事，我也包容你们所有人。在这间教室里，我不想落下任何一个人。

开学第一天，我向你们每个人承诺，这将是你们有史以来最棒的一个学年。为了遵守这个承诺，我有求于你们：我需要你们尽最大努力，遵守课堂规则，尊重自己和他人，对你们的行为负责，懂得合作，成为一个团队。

我一直相信，学生应该明白他们身处何地，欲往何方，何以往之。

所以我不打算有任何隐瞒，你们的数学全部挂科。

这个反馈你们可能不想听，但之所以挂科，就是因为你们的行为影响了你们的学业。有很多知识，你们已经抛诸脑后，或者根本没有学会。

帮助你们成为最好的自己，是我的职责所在。我会给所有人的家长打电话，让他们知情。然后这次测试，我们要重考。今天，我会教你们如何回答这些问题。

现在起，你们每天晚上回家都要学习数学，大声读题，复习课堂上学的东西，然后第二天告诉我你有什么还没懂。

你们还要开始互相交流——打电话，发短信，或者当面交流——以此来互相帮助，相互扶持。

正是教育使我摆脱了贫困，我的兄弟，我的姐妹都是如此。正是这样，我的孩子才不用过穷困的日子。这是我最坚信的事情之一，也是我们的社会所坚信的——这也是为什么，每个人从幼儿园到高中的教育都是免费的。我想让你们尽力而为，你们的父母也希望你们尽力而为。所以现在，我们都需要你们尽自己最大努力做到最好。

当任何方法都无济于事时

总会有些时候，你做的所有工作、准备，实施的激励、奖励措施，巧妙的无聊终结者活动，设定的惯例、规则、程序和讲话全都不再和往常一样有效。学生们的表现就是不像以前那么好了，他们士气低迷，缺乏动力，你也会感觉很沮丧。这时，你的班级才是真的陷入了困境。以下这个活动，可以帮助你的班级脱困。

如何掌控课堂，终结持续的争吵打闹

前校长经常在职工大会上感叹，我们学校“声名狼藉”。确实如此，学生们很难管理，许多家长都是辛苦谋生的单亲母亲，他们的住所通常都异常拥挤，犯罪率很高。在标准化考试中，我们学校的成绩一直低于地区和省内的平均水平。

有一年，我任教的学校里，学生粗鲁无礼，不懂尊重。他们打架斗殴，不停地争吵，霸凌他人。有很多次，我站在全班面前，看着这些停不下来的糟糕行为，却无能为力。

这种感觉糟糕透顶，令人沮丧。每天早上上课之前，我都硬着头皮，强忍着胃痛去上班。

我不想上班。

我不想面对他们。

我非常沮丧，深感压力。

但我还有一个未曾尝试的方法。虽然这种方法会占用课时，也会影响我提高班级考试成绩的目标，但我只能背水一战。如果能使用正确，那么这个方法就会奏效。否则，可能会适得其反。

这个方法在你疲惫、沮丧、深感压力的时候使用非常有效。我只有在无计可施时才会用到它，但这并不是说你就不用其他的方法了。如果你使用的方法不奏效，原因有很多：可能是因为不适合这个班，可能是因为时机不对，也可能是因为环境影响。将这个方法放回你的工具箱里，到这一学年的晚些时候再使用，或者换另一个班使用。

这个帮助你掌控课堂，并且简单易行的方法就是开班会。

操作方法如下：

会前准备是关键，你至少要提前开三次会。利用班会前一周的这段时间，获取支持，引人期待。

第一次会议是与重要班干部交流，也包括和你关系不错的男女生。如果可以，获取一个或者更多“领头羊”的支持。

如果你需要更多的支持，请一位值得信任的同事、行政人员，或者地区顾问来参加会前准备并出席正式的班会。

食物就是动力，要提前用一节课的时间准备好（我通常会在法语课上做法式薄饼，或者在学习埃及与中东的课上做鹰嘴豆泥）。新鲜的水果和甜点也是动力。会议结束后，再用食物作为奖励。因为如果在会议期间吃，就会分散学生的注意力。

你要准备一个会议日程，着重说明班会内容。

以下是第一次与关键的班干部做会前准备时需要做的事情，以及在第二次与全班与会时要做的。

不用太复杂，你只需问以下3个问题：

◎ 你喜欢我们班的什么？

◎ 我们班有哪些事做不好？

◎ 如何让我们班变得更好？

让学生干部提出他们的建议，作为例子，让全班进行讨论。倾听学生的建议，不要打断。当你相信学生已经明白要做什么的时候，发下去一张纸，让他们写下他们的想法。

一定要让学生在纸上写上自己的名字，因为这可以让他们更负责任地提出建议。提问然后回答的方式会让一个班级“脱困”。你的学生是否被课程、学习量，或者你的期待压垮了呢？他们是否有足够的时间完成学习任务？其他学科教师是否和你在同一时间给他们安排了重要的项目和作业？

我将他们的建议收上来，尽快读完所有学生的回复，然后再给他们反馈。然后，我们集思广益，思考解决问题的办法。你会惊讶地发现，孩子们对班级的各项工作以及如何摆脱困境的反馈出奇一致。

抓住这种势头，采纳最佳建议，然后将它们绘制成海报，再将这些海报在第三次会议上展示出来，最好就在第二天。最后将它们挂在班里，必要时要时常提起。

如果班级开始失控了，就指一指海报，尽可能多地提及它们。

在第三次会议上，你可以针对个人，对学生的建议提出表扬。（在会前问一下学生是否愿意被提及。因为有些学生可能不想让别人知道。）可能的话，采纳一名后进生的建议。

这个方法奏效的原因：

◎ 可以让所有学生参与进来，让他们行使权利。

◎ 给所有学生一个平等的机会，一个可以畅所欲言的环境，自由地发表观点。

◎ 可以让学生知道，他们能够做出改变，有所成长。

◎ 可以教给学生一个实用的方法，用这个方法来井然有序地解决问题。

◎ 让学生成为班级的主人。

◎ 以此向学生说明，你会倾听他们，能够采取积极的行动，而不是一味斥责。

◎ 以此向学生证明你尊重他们的决定。

◎ 反过来，他们也会尊重你。

不要忘记在班会过后，给全班一个“拍拍背，谢谢你”来感谢他们。

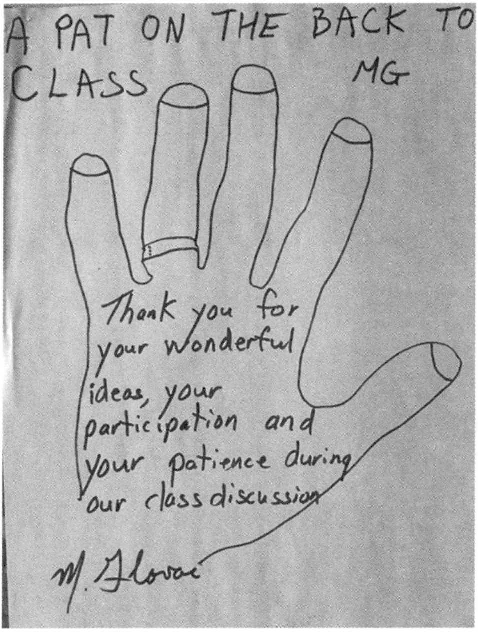

A PAT ON THE BACK TO CLASS MG：

拍拍背，谢谢全班同学，马尔扬·格拉瓦茨

Thank you for your wonderful ideas，your participation and your patience during our class discussion. Mr. Glavac：

谢谢你们的好主意，谢谢你们在班级讨论期间的参与和耐心。——格拉瓦茨老师

主要步骤总结

1. 获取重要的学生干部、一位值得信赖的同事或行政

管理人员的支持。

2. 不用太复杂，你只需问 3 个问题。

3. 听取建议，不要打断。

4. 采纳最佳建议，并将它们制作成海报。

5. 将这些海报在第三次会议上展示出来，最好就在第 2 天。最后将它们挂在班里，必要时要时常提起。

下一步：

1. 用助记符，使复杂的概念简单易学。

2. 使用设想法进行目标设定。

3. 改变态度，上一节“我不能”课，并进行拓展活动。

4. 在课堂上开展一个“有趣的”活动，让课堂走出沉闷。

5. 无计可施的时候，上一节“如何掌控课堂，终结持续的争吵打闹”中提到的课。

如何使自己脱困

“努力工作固然重要，但是一定要平衡与家人和朋友在一起的时间。长远来看，只看重其中一面的人鲜少成功。”

——G. 理查德·托曼[①]

“如果你一直与自己较劲，赢的总会是你。”

——萨米尔·奇迪亚克[②]

有时，你会因为各种各样的教学要求而感到不知所措，精疲力竭。不管你花了多少时间，都无法取得进步，你对你的学生、同事和另一半都表现得暴躁易怒。

学校的心理师将压力称为“无声的杀手”。职业生涯中，我第一次对付这个无声的杀手，是在我教学的第

①G. 理查德·托曼：纽约一家企业战略咨询和投资公司 Corporate Perspectives 的执行合伙人。他目前是中欧国际工商学院的访问教授和客座导师。

② 萨米尔·奇迪亚克：微软区域总监兼常驻首席创新官，商业心理学家，作者，播客和主旨发言人。

三年。

我这人非常守时，守时是父母、学校、教堂和做过的工作早早就灌输给我的。守时是我非常看重的。

教书的第三年，我睡过头了，要想准时到校，我只有 15 分钟。这让我有点困扰，但也不是那么严重。这只是一点小意外，没什么可担心的，我这样想着。

第二天，一切又重新上演，我又一次睡过头了。我在同一时间起床，只剩 15 分钟可以去学校。

这是个信号，告诉我需要改变一下我的教学任务了，说明我在这所新学校的工作并不顺利。于是校长同意将我和另一名老师互换了岗位。

每个老师都有感受到压力信号的时候。你会疲惫不堪，筋疲力尽，难以做任何决定，甚至有时脑海忽然一片空白。你还可能会感到烦躁不安，精神紧张。对你的学生们表现得暴躁易怒，缺乏耐心。你的锦囊妙计和过往经验都无法再激励你的学生，你只想要赶紧等到下课铃响。你得明白，你不能在学生身上用尽你的所有力量，否则，你只会变得讨厌他们。

导致工作压力的最常见因素之一就是缺乏掌控力。由于学生的不守规矩，管理人员的要求以及增加的工作量，使得我们越来越觉得自己难以掌控，所以也就深感压力。总有一些事情我们无法掌控，也无计可施。但有时候，最好的办法是以不变应万变，就让它过去吧。当你不能掌控的时候，问问你自己，这场仗值不值得打。有时你虽然打了胜仗，但愤恨却一直存在。如果这不是什么“生死攸关”的事，那么你将会打一整年的游击战。

专注于你能够掌控的事情，关注你所拥有的，以及你在人生中能够做出的改变。这是哈佛大学的一项长达80多年的成人发展研究的发现之一，这个项目一直在研究成年人的生活：在那些能够在当下保持健康快乐的人里，有将近70%的人“专注于那些他们能够在生活中改变的事情，并且能够正确地看待逆境”。

来自电影的动力

每当这时，我会特别喜欢看与教师相关的电影。虽然《黑板丛林》是一部1955年的老电影，但它依然对教师有着重要的意义。格伦·福特扮演主角，他展示出一个老师能掌控什么，不能掌控什么，如何循序渐进地改变，以及如何在改变学生行为的同时享受小小的胜利。

我还喜欢《阴阳魔界》中《守卫更迭》那一集。

第一次看到《阴阳魔界》的这一集开播时，我只有6岁(早在我想成为一名教师之前很久)。不知什么原因，几年前我又开始回想这一集，尤其记得结局是：

埃利斯·福勒教授是一名已经执教51年的老师，董事会已经给他发了一封退休函。他仔细思考了一下自己的教学生涯，得出的结论是，在加入“阴阳魔界”之前，他所教的一切都是徒劳。在这一集中，“阴阳魔界”的创始人罗德·瑟林，真正地了解教师在职业生涯中所追求的目标。而在几十年后的今天，这些目标依旧是老师们所追求的。

有一部更新一点的电影，是凯文·克莱恩主演的《皇家俱乐部》。这部电影让我知道，虽然可以尽最大的努力，为我的学生们倾尽所能，但我并不能“纠正”所有人。过程中总会有失败，特别是那些我努力沟通，但始终不能改变他的行为的学生。也总有些学生，出于种种原因，你无法阻止他在错误的道路上越走越远。这部电影告诉我们，每个你无法改变的学生背后，都有上百名你能够帮他做出改变的学生。虽然他们没有告诉或者感谢你给他们带来的影响，但往后岁月，他们会记得并感恩你所做的一切。和年长的老师们聊聊那些返回母校的学生，那些对他们的社区产生影响的学生，那些他们记得的学生，那些爱你的学生。你也会拥有这样的学生。

这里有两个例子：

我曾帮班上的一名女生出面，解决了她的哥哥一直欺负她的问题。5年之后，我发现这个哥哥是我十几岁的儿子最好的朋友，他在我儿子被欺负的时候一直帮助他。

我不厌其烦地向一个拒绝阅读的10岁学生，一遍又一遍地提倡阅读的重要性。5年之后，这个不爱读书的学生走进我的班级，向我骄傲地展示他正在阅读的幻想三部曲。他感谢我，让他开始阅读，然后递给了我一本书，让我也去读读。

我也看到过其他老师对他人人生的影响。不久前，我在一个小乡村社区，参加了我嫂子父亲的葬礼。当我在殡仪馆排队等候的时候，有很多人走出队伍，和一位站在我前面的绅士握手。我告诉妻子，他一定是镇长，要不怎么会有这么多人都认识他，还叫他的名字，和他打招呼。我问嫂子:“那位绅士是谁?”她告诉我，那是一名退休的六年级教师!

但如果事关你的心理状态，那么为自己留出一些时间也是至关重要的。多年来，我开车去学校都会途经一条蜿蜒缓慢流入市中心的小河。早上，能看到薄雾在水面上升腾，反射出明亮的阳光。每当看到这样田园般的景色，我都后悔要去上班。每天回家的路上，我都会途经同样的风景。于是我忽然想：为什么在把紧张的精神带回家之前，不停下脚步，在野餐长椅上坐一会，好好欣赏下这风景呢？现在，我发现这是从压力沉重的一天中放松的好办法。喝完保温壶里的最后一杯咖啡，吃完午饭的最后一块水果，我坐在长椅上，欣赏着河流，看着划船的人、小皮艇、鸟儿、骑自行车的人和慢跑的人。在我回家之前，让所有的烦恼都烟消云散。

扑灭倦怠的火苗

回顾一下“自我了解”这一部分，以及你所做过的相关调查，是一个重拾热情和自信的好办法。

回顾的时候，问你自己这些问题：

◎ 迄今为止，我职业生涯中最大的成就是什么？

◎ 我真正喜欢教学的什么地方？

◎ 这一学年，我有哪些成就是值得骄傲的？

◎ 我处理过最困难的情况是什么？我是如何克服的？

重新关注教学中你所热爱的地方，从过去的成功中汲取信心，让其在你的脑海中形成积极的画面。

当副校长心情不好的时候，她就会给好学生的家长打电话，让他们知道能教他们的孩子，自己是多么荣幸。

我则会翻看家长给我写的一些积极的回信，还会读一读学生和家长写在成绩单回执表里的积极反馈，也会读读我的“拍拍背，谢谢你”。

当我陷入困境时，读到这样的评论会让我重整信心：

“我们看到布莱妮的成绩单非常开心。很显然，您对教学的热情投入激励了布莱妮，让她更加努力。谢谢您。”

“到目前为止，梅丽莎五年级的这一年都非常美好，我们希望最后一个学期也能继续如此。谢谢您一直以来的支持和指导。”

“格拉瓦茨老师，您似乎‘打开了’布莱妮的学习开关，谢谢您。”

“谢谢您，格拉瓦茨老师，不断为学生们创造知识充实、开心有趣、丰富多彩的一学年。您值得尊敬，我们感谢您所有的辛勤工作，付出和耐心。”

庆祝你小小的胜利吧。我的教学秘书经常看到我的一个学生每天都来办公室。这个学生经常迟到，穿着邋遢，无精打采，鞋带也不系。我每天都要花时间关注他，和他谈话。有一天，我的教学秘书惊讶地发现，他梳了头发，还系了鞋带，正和办公室的老师们谈笑风生。

我最难管的学生被称为“流氓 rapper（说唱歌手）”。

他是第一个送我圣诞贺卡和圣诞歌曲光盘的人。

另一个后进生则等到毕业前的最后一天，直到其他所有学生都离开了班级，问我是否可以拥抱一下他。

有时，事情并没有看起来那么糟糕。有一年，我确信，我带的这个班是我职业生涯里最糟糕的一个。但是有一天，我来到教室，发现所有学生都好好地系着领带，就像我一样。

还有一年，我再次确信带了职业生涯中最糟糕的一个班。那一年，我的父亲也刚好因中风过世了。于是我的班级筹集了全校最多的善款，投入到心脏病与中风的跳绳募捐活动中。

学年末，我的一名学生给出的这段评价使我感到惊讶：

"我非常喜欢格拉瓦茨老师帮助我们的方式。我喜欢你在班上办的奖票抽奖活动，喜欢我们在体育馆里排队踢球，玩躲避球，也喜欢格拉瓦茨老师在学年初鼓励我们去做一些我们可能做不到的事情。格拉瓦茨老师是我见过最好的老师！最好的！"

一项关于教师倦怠的最新研究显示，那些与其他教师谈论工作中的积极方面的教师最不容易出现倦怠，他们会以愉快的心情面对工作。因此，在你感觉低落的时候，可以与一位值得信赖的同事，谈论一下教学中积极正面的事情。

缓解压力的三个 S

在你帮助 / 扶持他人，帮他们“恢复元气”之前，你要先恢复自己的元气，建立起自我支持的机制。

我所使用的支持机制是异性（sex）、切割（scotch）和健康生活（salad）。

异性是指你重要的另一半，那个无论你身处高峰还是低谷，都始终支持你的伴侣。

切割是指与教学相关的所有事情分离开来，与朋友，与家人，分享可口的饮料，品一瓶上好的红酒，或者去度假，给自己充充电，忘记那些烦忧的日子。

健康生活是指吃健康的食物，充分锻炼。

只有这样，我才能像所有高效的教师一样去支持我的学生们，在他们身上寻找独特的优点、才能或者兴趣，然后帮他们在此基础上取得进一步的发展。我同样也会调整课程或者直接舍弃某些课程，来支持那些后进生以及需要更多帮助的学生。我会在教室门口与每个学生交流，感知他们的情绪，在他们进教室前就给予帮助。还会教他们如何积跬步，至千里，达成他们的目标。同时将他们的进步通过“阳光热线”随时告知他们的父母，并且记录在我的个人笔记里，我也会在与学生当面谈话时及时予以表扬。

即使失败了，也要明白自己已经尽力了，会有其他老师能够继续努力，尽我所不能。

此外，还有一些其他可以应对倦怠和压力的办法：（确保这些额外的事情不会给你更多的压力）

◎ 和好朋友喝一杯咖啡。

◎ 和朋友们出去吃个午饭。

◎ 做一点自己喜欢的事情。

◎ 做出改变：换一种工作方式，换一家餐厅吃饭，或者与教职员工们进行一些与学校无关的交流。

◎ 在家庭生活和学校生活之间设置一条界线。

◎ 在学校或地区委员会承担一项新工作。

◎ 参加一个出于个人兴趣，而非教学需要的有趣的工作坊或者会议。

◎ 更改一下你的目标。

◎ 在学校换一个年级任教。

◎ 更换学校。一位极具智慧的校长曾经问过我："你愿意非常不开心地去一所距你五分钟路程的学校任教，还是很开心地去一所距你一小时路程的学校任教呢？"

◎ 换一个不同的教职，例如做教学资源老师或行政管理老师。

◎ 避免同事间的消极态度，要更加积极向上。

◎ 培养一个爱好。

◎ 享受一天的“心理健康日”。

◎ 小睡一会儿。

◎ 请个假。

◎ 饮食更加健康。

◎ 多锻炼，散步。

◎ 参加瑜伽、普拉提、太极或有氧运动课程。

◎ 开始游泳、慢跑、散步、划船或者骑行。

◎ 做一次体检。

◎ 保持充足睡眠，设置固定的就寝和起床时间。

◎ 深呼吸、冥想，或者听音乐，来让自己放松。

◎ 态度是一种选择，选择你的态度。

◎ 选择适合你的战斗，以及适合你为之奋斗终生的战场。

◎ 理性地看待事物。

◎ 设置实际的、可实现的、可衡量的目标。

◎ 在学生、教职员工和家长中培养盟友。

◎ 在教学之外的领域交朋友。

◎ 参加在其他城市举办的会议。

◎ 给他人一张“拍拍背，谢谢你”，一张表达感谢的便条和卡片，以及说一番道贺的话。那么，为什么不也送自己一份呢？

◎ 送自己一束鲜花。

◎ 进行积极的自我对话，培养自控力和自信心。

◎ 培养幽默感，多开怀大笑和微笑。

◎ 加入一个专业的阅读小组。

◎ 加入一个午间散步俱乐部。

◎ 给自己一点反思、放松和充电的时间。

◎ 定义自己的成功，而不是别人的。

◎ 相信你自己。

◎ 做一些不经意的善举。

◎ 读一些励志名言和故事（例如，兰迪·波许和杰弗里·扎斯洛的《最后的演讲》）。

◎ 收集励志海报，并张贴在你的教室里。

◎ 去度假，休息一周，或者去做水疗放松。

◎ 找到无论在高峰还是低谷时都支持你的、重要的那个人。

◎ 融入专业的教师团队。

◎ 学会说不，学会设定界限——你不需要所有的事情都去做。教学是一场马拉松，而不是短跑。

◎ 不要总去查看邮箱。

◎ 少去登录社交媒体网站，减少网上冲浪的时间。

◎ 将你不需要的订阅信息取消。

◎ 用能、会和挑战，代替教育教学中的不能、尝试和问题。

◎ 灵活一点，不然你就永远直不起腰来了。

◎ 关注积极的一面。

◎ 加入一个体育联盟或者慈善志愿者团体。

◎ 养一只宠物。

◎ 读一本好书。

◎ 将你所有的成就、积极的评价报告以及来自家长、学生、老师和管理人员的振奋人心的留言汇编成一部教师作品集。当你需要充电的时候经常翻看。

◎ 做一个愿景板，在上面写上你未来三个月、六个月、一年里，对生活的愿景。

◎ 坚持你的价值观和信念。

◎ 尽你最大努力，但不一定要完美，因为完美是优秀的敌人。即使是最有价值的工作，工作成果的可接受程度也是非常广泛的。“完美的”老师对每个人来说都是一种负担，甚至对他们自己来说也是。

如果你的压力持续存在，就要向家庭医生、心理治疗师或者咨询师寻求专业的帮助。

你也可以从教学中完全脱离出来，休息一下。可以开始做另一种职业，自己创业，重新回去上学，或者早点退休。很多人这样做之后都更加开心了。

我们不妨来思考一下这两项研究的研究结果。第一项研究访谈了一些即将去世的人，问他们会给年轻的自己哪些建议。另一项研究项目涉及来自全球120家公司的200多名极具潜力的领导者。研究者只向每个公司两个最聪明的未来领导者提出一个简单的问题。假设这些人可以在其他公司胜任任意工作，拿到他们想要的薪资。这个问题是："如果你还是选择留在当前这家公司，理由会是什么？"以下是最常见的3种答案：

"我逐渐找到了这份工作的意义和幸福所在，这是一份令人兴奋的工作，我热爱自己正在做的事情。"

"我喜欢这里的人。他们是我的朋友，就像一个团队，一个大家庭一样。和其他人工作或许能挣到更多的钱，但我不想离开这里的朋友们。"

"在这里我可以追求自己的梦想，这个公司给了我一个机会，让我去做一生中真正想做的事。"

这些答案与即将去世的人给出的答案如出一辙。要想生活得幸福，你就要感激现在所拥有的，还要维持与朋友和家人的关系。

下一步：

1. 想想给你造成压力的原因。关注你能掌控的事情，问问自己这场战斗是否值得。

2. 用一个文件夹保存那些来自学生、家长和同事的积极的留言、信件和“拍拍背，谢谢你”。

3. 感激现在所拥有的，维持与朋友和家人的关系。

第四章

完成奠基

年终活动

"教育不是注满一桶水，而是点燃一把火。"

——威廉·巴特勒·叶芝[①]

"十年树木，百年树人。"

——中国谚语

学年的最后几周总是在慌乱忙碌中转瞬即逝：学年末的实地考察来了又走；年终集会和班级派对也在筹备中；还有期末标准化考试也已经完成了。

这是一段惊心动魄、狂风暴雨似的日子。但是，如果你没有为这最后几天提前做好准备，那么你和你的学生都会错过大好的学习机会。虽然年终将至，但依然有的是复习并为来年做好规划的好机会。

早年任教时，我喜欢运用儿童电视节目中一些很不错的互动活动，让学生们在学年末保持积极的学习状态。

① 威廉·巴特勒·叶芝：爱尔兰诗人、剧作家和散文家，著名的神秘主义者，是"爱尔兰文艺复兴运动"的领袖。

不幸的是，虽然这些电视节目非常好，但对学生们来说都有些过时和无趣。

因此，最好能有一些学年末的“常青树”活动，是整个学年都可以开展的。“常青树”活动是指那些任何时候都不会很快过时的活动，在学年末能准备一些这类活动就再好不过了，当然也可以让活动贯穿整个学年。

以下是一些可供使用的年终活动。

去你想去的国家旅行

在开始带自己的班级之前，我给 7 年级的 7 个班教授法语整整 3 年。以下这个活动是我学年最后几周的续命汤，深受学生们的喜爱。这个活动也可以简单调整后用于其他语言课程，例如英语、西班牙语、阿拉伯语等等。

A. 从列表中选择一个想游览的国家。

B. 你有 4 天的上课时间来研究并进行写作。

C. 你需要针对这趟旅行做 5 ～ 10 分钟的口头报告。可以是一段小品、话剧、新闻播报、幻灯片展示、烹饪展示、水彩画、素描速写等等。

D. 你需要再提交一份书面报告，报告中要画一张这个国家的地图，并回答以下问题：

1. 你去了哪里？为什么去？

2. 这个国家的首都是哪里？国家有多大？人口有多少？

3. 你乘坐什么交通工具（公交车、飞机、火车等）旅行？为什么？

4. 你带了什么衣服（考虑天气和你要在那里进行的活动）？

5. 你吃了什么？有没有国家特色美食？

6. 你看到了什么（博物馆、建筑、山川、沙漠、湖泊、海洋、戏剧、电影，等等）？

7. 当地人怎么样？人们以什么谋生？他们做什么运动？他们的特色体育项目或游戏是什么？

8. 你住在哪里？你去过哪些城镇？

9. 你买了什么纪念品？

10. 除了衣服，你还带了什么？

11. 你喜欢这个国家吗？为什么喜欢 / 不喜欢？

一些讲法语的国家和地区

阿尔及利亚	毛里塔尼亚
比利时	马约特岛
贝宁	摩纳哥
布基纳法索	马达加斯加
布隆迪	马里
柬埔寨	马提尼克岛
喀麦隆	毛里求斯
加拿大	摩洛哥
中非共和国	新喀里多尼亚
乍得	尼日尔
科摩罗群岛	卢旺达
吉布提	塞内加尔
法国	塞舌尔
法属圭亚那	圣马丁
法属波利尼西亚	圣皮埃尔和密克隆
加蓬	瑞士
瓜德罗普岛	塔希提岛
几内亚	多哥
海地	突尼斯
格陵兰岛	越南
老挝	瓦利斯群岛和富图纳群岛
黎巴嫩	瓦努阿图
卢森堡	

家族纹章

在家族纹章页，在每个题号后的空白处回答以下问题：

1. 画出你从出生到 8 岁的人生中最重要的事件。

2. 画出你从 8 岁到现在的人生中最重要的事件。

3. 画出你去年最大的成功或成就。

4. 画出你去年最开心的时刻。

5. 如果你尝试的任何事都一定会成功，那你会尝试什么事？将你的答案画成一幅画。

6. 画出你擅长的一件事。

7. 在第 7 题的空白处，印上你家的姓氏。

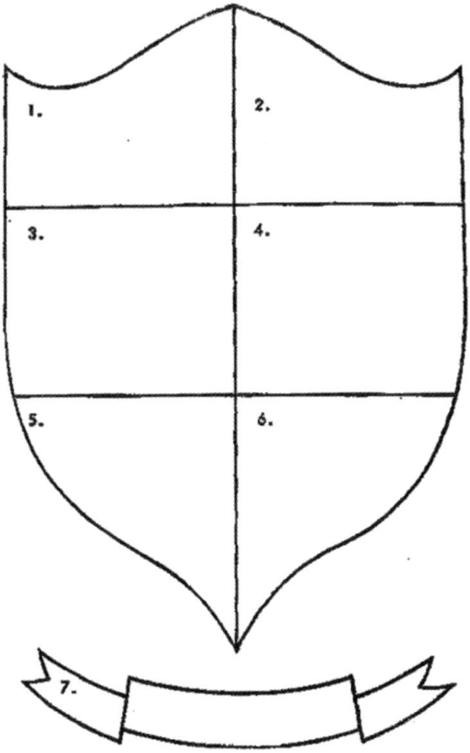

你可以单独开展“家族纹章”活动，也可以作为如下“我的自传”活动项目的一部分：

我的自传

姓名 ______________ 日期 ______________

这个项目是关于你的！先和你的父母聊一聊，再开始完成该项目。

你的项目成果应包含如下内容：

A. 将家族纹章作为封面（关于如何设计家族纹章的更多信息，请详见上一张图表）。

B. 第一章：我的详尽信息

在本章中，要包含这些内容：你出生时所在城市和省份 / 州；你出生时所在医院的名称；出生时的体重和身高。你还可以附上照片、婴儿读物、你的第一个玩具、第一双鞋子，等等。

C. 第二章：我的家族

本章中，你需要谈论一下你的家族。向你的父母了解你家的族谱，然后找到你的姓氏。它有什么特殊的含义或者重要意义吗？你的家族里有什么（曾）是特别出名的吗？你的家族存在多久了？将已知的亲戚们制作成一张族谱，祖父母辈的人会给你提供很多关于你亲戚们的信息。再请他们回忆一下他们的父母、祖父母给他们讲过的关于家族的故事。你还可以问其他的问题：

• 你的家庭成员来自哪些地区？

• 你的家庭成员说什么语言（你可以在他们用自己的语言交流时，录下他们的对话）？

• 在你父母成长过程中，他们心目中关于家族的一次温馨的回忆是什么？

D. 第三章：我的朋友

你的朋友都是谁，为什么你们能成为朋友？你喜欢和他们做什么？友谊对你来说意味着什么？

E. 第四章：我生命中的时刻

你生命中有哪些特别或者难忘的时刻？为什么？什么时候发生的？是你赢得比赛或者获得冠军的时候吗？

F. 第五章：感受，仅仅是感受

完成下面的句子：

“对我来说，悲伤是 ______________________________。”

“对我来说，快乐是 ______________________________。”

“对我来说，愤怒是 ______________________________。”

“对我来说，兴奋是 ______________________________。”

画一幅画或者附上一张照片来表现这些感受。

G. 第六章：我的喜好

写一篇 150 ～ 200 个词的文章，来描述你的喜好。你喜欢 / 不喜欢什么事情？别人做什么事会让你感到烦恼，或者让你开心？

H. 第七章：我的爱好和兴趣

本章中，写一写你喜欢做的事。你为什么喜欢？你喜欢运动、收集邮票或者硬币、漫画、阅读、唱歌、跳舞、看电影，或者玩电子游戏吗？你在哪里进行这些活动？

I. 第八章：为了让世界变得更好，我会做些什么？

为了让我们的世界变得更宜居，你会改变什么？阻止什么？

J. 第九章：我会有怎样的未来？

展望未来，写一写你未来 5 年会做什么；未来十年；未来 20 年。回答以下问题：其他人会怎样描述我？在我的人生中哪些人会非常重要？到那时，我会完成哪些重要的事？我对未来有什么规划？我会有什么目标和梦想？我会和现在有什么不同？

K. 自传的最后一页要附一张参考文献，包括所有你在本项目中用过的信息的来源。至少包含使用过的十篇资料来源。

L. 根据口头展示的创造性和原创性进行打分，你可以将部分资料来源向全班进行展示。

M. 如果项目中加入了额外的内容，你也会有额外的加分。

提交日期 ________________________________

自传内容清单

在已经完成的活动旁打钩。

1. ____ A.“家族纹章封面”已完成

2. ____ B.“我的详尽信息”章节已完成

3. ____ C.“我的家族”章节已完成

4. ____ D.“我的朋友”章节已完成

5. ____ E.“我生命中的时刻”章节已完成

6. ____ F.“感受，仅仅是感受”章节已完成

7. ____ G.“我的喜好”章节已完成

8. ____ H.“我的爱好和兴趣”章节已完成

9. ____ I.“为了让世界变得更好，我会做些什么？”章节已完成

10. ____ J.“我会有怎样的未来？”章节已完成

11. ____ K.“参考文献页”已完成

12. ____ L. 已练习口头展示

13. ____ M. 完成额外内容

姓名迷思

姓名 ______________　　　　　日期 ____________

1. 有什么词和你的名字押韵吗？

____

2. 在不调换任何字母的情况下，你的名字里有哪些单词？中间名呢？姓氏呢[①]？

____

____

3. 如果调换字母，你的名字里有哪些单词？中间名呢？姓氏呢？

____

____

4. 在取名时，你用的是谁的名字[②]？

____

5. 你知道自己在另一种语言中的名字是什么吗？

____

① 英文名的格式，即名字 + 中间名 + 姓氏。在中国，名字仅包含：姓氏 + 名字。

② 西方人在取名时，有时会出现效仿的情况。例如有的人会给自己的孩子取名本杰明·罗斯·富兰克林，加上不同的名或中间名，以此效仿本杰明·富兰克林。

6. 你有昵称吗？这个昵称是如何得来的？

____

7. 如果可以改名，你会选择什么名字？为什么？

____

____

8. 如果名字中的元音可以得 1 分，辅音可以得 2 分，那么你的名字可以得多少分？

____

姓名研究项目

我的大家族

姓名 ______________ 日期 ______________

准备六张新纸。

在第一页顶部，写上你的名字。

第二页，写上你的中间名。

第三页，你的姓氏。

第四页，你的出生日期和星座。

第五页，你出生的年份。

第六页，你的出生地（镇，州或省，国家）。

第一页 & 第二页说明：

1. 找到你名字的含义。

2. 列出你名字拼写的所有变形[①]。

3. 找出你的名字在其他语言中的拼写和发音。例如，John 在法国是 Jean，在西班牙是 Juan，在苏格兰是 Ian，在爱尔兰是 Sean。

4. 列出 5 个和你同名(译者注：不包括姓氏)的名人，并列举他们的成就。

5. 列出 5 个和你同名（不包括姓氏）的虚构人物。

6. 列出含有你名字的 5 首歌或诗歌。

7. 列出和你同名或和你名字的变形相同的 5 个地理位置（城镇、江河湖海等水体、国家，等等）。

在家中：

问问父母，为什么要给你起这个名字。

第三页说明：

8. 列出和你的名字（译者注：不包括中间名）以及姓的首字母都相同的 5 个名人或虚拟人物。例如，如果你的名字是 Blaine Proulx（布莱恩 · 普鲁克斯），那么和你姓名首字母相同的人名是 Brad Pitt[②]（布拉德 · 皮特）。

① 名字拼写的变形，例如 Emily 可变形为 Emely、Emilee、Emilie、Emmalee，等等。

②Brad Pitt：布拉德 · 皮特，美国电影演员、制片人。代表作《史密斯夫妇》《返老还童》《好莱坞往事》等。

9. 用你名字（译者注：不包括中间名）和姓氏的首字母，给自己起5个有趣的两字昵称。例如，如果你的首字母是A.K.，那么你可以给自己起昵称为Able Knowledge（能力知识），Astounding Knockout（惊人一击），Apple Kutter（切苹果小能手），All Knowing（万事通）以及Alien King（外星国王）。

第四页说明：

1. 列出和你生日或星座相同的5个名人。

2. 列出你这个星座的人的5个明显的特点。

3. 列出5件与你出生月份有关的五件好事。

4. 弄清楚你是周几出生的，以及那一天的意义。

5. 如果你在医院出生，那所医院是以谁的名字或者以什么命名的？

在家中：

可能的话，请父母帮忙，填写关于你出生那天所有相关或看似不相关的信息。

第五页说明：

1. 列出你出生那年世界上发生的5件好事。

2. 列出那年的5首流行歌曲，

5部热映电影，

5部热播电视节目，

5 项发明或发现，

以及 5 件国际事件。

第六页说明：

1. 列出你出生的城镇、州、省或国家的 5 位名人。他们都有什么成就？

2. 列出 5 首提到了你的出生地或国家名称的歌曲或诗歌。

一旦调查完毕，准备一本题为《我的大家族》的小册子。内容要尽可能多地包含你已经调查到的内容，然后用照片和图画来说明这些内容。说明的内容可以包括：

——家族纹章

—— 你的星座

——和你同名或和你姓名首字母相同的名人们的照片

——你出生那年的歌手或乐队的照片

——父母和祖父母的照片

——画出你给自己起的新昵称

——与你名字（包括中间名）之一相同的城市或地点的照片

…… 还有很多可以附照片的其他内容！

个人时间表

一周研究项目

姓名 ______________　　　　　日期 ______________

有没有想过时间都去哪了？

这个表单会帮你了解时间的去向，这样你就可以通过研究这张表单，根据你的意愿做一些调整。

制表：

找一张 A4 大小的横格纸，或者在一张电子表格上，沿着左侧边线写下 1：00，2：00，……12：00、13：00，等等，直到你在这一列写满了一天 24 小时。

随后，从上纸缘开始，画七条纵线，每条线间隔均匀。在最顶端的横线上面，将每栏标注为周日、周一、周二、周三、周四、周五和周六。

这就是你的个人时间表，在这张表中，你可以记录接下来每周的活动，以便了解自己是如何利用时间的。

（注意：有些活动——例如吃东西和看电视——可能会同时发生，你可以用缩写，把每件事都填充进去，或者你可以做多张表，其中一张的标题可以是“我必须要完成的事”，另一张是“我选择性完成的事”。）

一周之后：将一周里所有的活动以及每项活动所用

时长都填入表内。

之后，挑选几项活动，计算一下每项活动所用时间，或者占用一周时间的百分比。在计算百分比的时候，你可以以一整周的时间为准（168 小时），也可以只计算你醒着的时间（168 小时减去 7 个晚上的睡眠时间）。

已知一项活动在一周中所占的总时长，或者百分比，你就可以通过调整其他活动，来增加或缩减这项活动的时间。

结果：回答以下问题，尤其是那些让你觉得“我生活中花了太多时间做‘这件事’了”，或者“我关注‘那件事’的时间不够多”。

一周内会花费多少时间？

——睡觉？
——吃饭？
——在学校？
——工作？
——看电视或电影？
——听音乐？
——创作音乐？
——体育运动？
——做家庭作业或学习？
——课外阅读？
——课外写作？
——做家务或者清洁地板和花园？
——宗教活动？
——帮助他人？
——独处？
——和家庭成员在一起？
——和喜欢的人在一起？
——和小孩子在一起？
——和成人在一起？
——和动物或宠物在一起？
——做喜欢的事情？
——做不喜欢的事情？

你在哪项活动中表现积极？

你从生活中获得的东西和你想象的一样多吗？

如果没有，你可以做些什么调整，让自己的生活更快乐，更有意义？

字母大冒险

字母表里只有 26 个字母，使用它们开展相关活动的方式却有许多种。以下列举一些：

年级	幼儿园—8 年级。
科目	语言艺术。
时间安排	根据学习项目而定。
材料	纸、铅笔、想象力。

低年级学生：

• 制作一张共享写作表。选择一个类别，然后在这个类别里，试着想出包含字母表里的一个字母的单词（例如，动物、食物、姓名，或者玩具）。

• 唱有趣的字母歌，最受孩子们喜欢的歌曲有：

倒唱 ABC 字母歌（和传统的 ABC 歌曲曲调一样）。

在黑板上或者一张图表里，从 Z 写到 A，边指着每个字母边唱。最后以“now we know our Z Y Xs，next time we will go to Texas.（现在我们知道了 Z Y X，下次我们去得克萨斯。)”结尾。

我正在学习（用一首你熟悉的曲调）

I am learning letter A（我正在学字母 A）

Letter A，letter A（字母 A，字母 A）

I am learning letter A（我正在学字母 A）

a a a a a（这一行要唱出字母在单词中的发音，而不是字母本身的读法）

中年级的学生：

• 给每个学生或每对学生搭档发一张报纸，每个学生准备一支记号笔，每人或每组在报纸上标记出以字母表中字母为开头的所有单词，这个活动可以以竞赛的形式开展。

• 让学生挑战一下，写出一个句子，句子中每个单词的首字母是按照字母表顺序排列的。例如“Michael never ordered pancakes（迈克尔从不点烤薄饼）（译者注：句子中的四个单词，分别以 m、n、o、p 开头）”。学生可以挑选任意字母开头，将句子越写越长。

高年级学生：

• 让学生研究一下英语字母表的历史，可以让他们做一张很大的图表，来展示世界上各种各样的字母表（希腊语字母，西里尔字母，埃及语字母，阿拉伯语字母等等，都可以），然后将每种语言的字母组成的句子进行比对。

• 让学生写一篇自传，每段内容的主题根据给定的字母为开头，分别反映自己生活的一个方面。例如，H 开头的是 hobbies（爱好），F 开头的是 family（家庭）。根据学生的年级和能力水平，会要求学生用到所有字母，或者只用一定数量的字母。

艺术项目

在这个项目中，学生需要研究一位艺术家的生平与作品，然后对这位艺术家的其中一个作品进行再创作。

年级	1— 8。
科目	艺术、语言艺术、图书馆技能。
材料	在学校、公共图书馆以及网络上挑选的艺术和艺术家相关的书籍；著名艺术作品的各种图片；美术用具，例如纸张、油画颜料、蜡笔、钢笔和炭笔。

通过调整写作项目以及项目完成的标准，该项目在不同年级都可以成功实施。在我曾任教的一所学校里，这是有史以来最成功的项目之一，也是老师们最想与图书管理员一起完成的项目之一。

和全班一起头脑风暴，想出著名艺术家的名字、画作、雕塑以及学生们听说过的相关艺术作品。在一张图纸上，用流程图或者思维导图记录下这些信息（学生们需要在项目快结束时再次回顾）。

另选一天，开展一次艺术书籍的读书讲坛，请学生在几天时间里，分享并讨论相关书籍。

展示所选画作的明信片或照片，包括美术馆里的明信片，书里的彩印照片，或者从网站上下载的图片。选取比学生数量多 5 ～ 6 张的图片，如此一来，每个学生就可以选择多幅作品，而且不会有人卡在最后，不得不选（根据年级水平，选择学生后续能够轻松进行再创作的艺术作品）。设置小组分享环节，让学生分享他们对于艺术作品的观察和感受。

经过几天对作品的观察，学生要从展出的艺术作品中挑选一件吸引他 / 她的，然后在日志里写下他们对该作品的想法和感受，包括欣赏它的时候是什么感觉，已经了解的关于这幅作品或者这位艺术家的信息，看到了什么形状和颜色，以及一些描述该作品的语句。这篇日志可以进行编辑、重写，然后添加到该项目的写作部分。

这项任务分为两部分。学生们首先要向老师咨询再创作作品的形式、大小和创作方法。不妨给学生们一个小提示，在对图画进行再创作时，告诉他们可以用透明保鲜膜或者塑料片盖住图画，用一支永久性记号笔在表面划分出象限。这种方法可以帮助学生关注作品的各个部分。

学生还要根据老师制定的标准/规则对艺术家进行研究，包括他/她的原国籍、艺术风格、艺术家的个人情况等等。研究项目内容的长度和形式根据年级水平各有不同。低年级的学生可以仅限于调查艺术家的姓名，国家，还有一些基本信息。更高年级的学生可以以幻灯片的形式进行展示。

和图书管理老师一起，教会学生一些恰当的研究技巧，如何做笔记，以及如何整理信息。

完成作品再创作之后，每个学生要将自己的作品向全班展示，并且简要总结关于艺术家的研究结果。再创作的作品会在全校展示，每幅作品旁会附有原作。可以将这个展览命名为“新晋大师展”，并邀请其他班级、学校行政部门前来看展，可能的话也可以邀请家长们入校参观。

这个项目还可以附带参观当地的美术馆。在项目完成后，我曾带全班去参观一家专业的美术馆，学生们参观作品时表现出的知识水平令馆内工作人员印象深刻。

当一个学生跑到一幅画前面，喊道“看，这是我的毕加索！”时，学校老师和美术馆工作人员都很开心。

或者，你和全班也可以观看这些艺术家相关的视频。

也可遵照同样的形式为高年级学生设置一个相关项目，但不是研究艺术作品和艺术家，而是让每个学生研究一座著名楼宇或建筑。

纸袋里的读书报告

老师们总是在寻找全新的方式让传统读书报告焕然一新。这里提供一个学生们喜欢的方式。

年级	4—8。
科目	语言艺术、美术、数学。
时间安排	1～2周或更长。
材料	每个学生一个白色带提手的纸袋子；用于工作卡制作的图画纸。

学生们选择一本书阅读，然后做报告。

中年级，学生可以读一本短篇章回体书籍，一定要选择适合不同阅读水平学生的书籍，确保书的数量多于学生数量。

高年级，让学生从老师预先挑选出的一系列书中进行选择，或者也可以允许他们自己选择。你还可以将该项目进一步限定，让所有学生只选择某一题材的书（例如，科幻类），或者每 5 ～ 6 个学生为一组，每组选择一个题材。跟进每个人的工作，选择同一题材的学生可以合并在一起展示，以便向全班呈现这一题材的特点，并对他们读过的相关参考文献有一个简短的汇总。

给每个学生一个有提手的白色纸袋（大约 8 ～ 10 英寸 /20 厘米 ×25 厘米，或更小一点）。学生要在纸袋的一侧，画上书的封面。在另一侧，创作一幅包含了书的各个方面内容的拼贴画。

然后，让学生测量并用图画纸剪裁出多张 5 英寸 × 5 英寸 /13 厘米 ×13 厘米的卡片。（这是项目中涉及数学的一部分。）在这些卡片上，他们要总结出书的各个部分。你需要根据学生的年级和能力水平确定卡片的数量。

基本的卡片主题可以包括：

1. 主题。

2. 情节。

3. 3 个主要人物：学生要写出每个人物的名字，并用 3 个词描述他们的性格和外貌。

4. 最喜欢的人物。

5. 关于书的：作者、页数、题材、出版商和出版年份。

6. 问题 / 解决方案。

这些卡片会放入装饰好的纸袋里。除此之外，学生还要将与该书相关的手工作品放进袋子里。例如，一个学生读的是《查理和巧克力工厂》，并在家中手工制作了一个巧克力棒；另一个学生在阅读《加拿大地下逃亡》一书时，把园艺用的金属线圈连在一起做了一条链子，代表奴隶们戴的镣铐。一旦所有材料都制作完毕，学生们就要将“纸袋里的读书报告”上交给老师。

这个项目还适用于多个不同的主题，例如：

- 古埃及研究（埃及人物）
- 本土研究（图腾柱）
- 小说研究（小说中的人物）
- 中世纪研究（时代服饰中的人物）

高年级的学生也可以完成一篇关于本书的日志或者用图表对本书的某一方面内容进行总结。你也可以设置其他任何适合学生的活动，包括让他们自由选择其中一张卡片。

视频读书推介会

这个项目让学生们有机会在镜头前和镜头后创作并发表一场引人入胜的读书推介会。

年级	幼儿园到 8 年级。
科目	语言文学、戏剧、媒体。
时间安排	几周时间。
材料	选择多本小说或图画书；摄影机。

这个项目让学生有机会学习、模仿一定的直播技能，例如缓慢并清晰地讲话，运用好的姿态，突出个性，并做好准备。这些技能对其他类型的展示也非常重要。学生也可以享受团队合作和创作的过程，尤其是观看成品视频的快乐。

高年级学生可以阅读小说或者图画书，然后在视频中用提前安排好的流程，聊一聊这本书。低年级的孩子则可以在视频中将读过的书复述出来。

或者也可以将这些活动结合起来，以适应不同年级水平。让高年级的学生帮助低年级的阅读伙伴准备读书推介会，并摄像。

以班级为单位，观看一档节目的视频，例如彩虹故事阅读，然后让学生做一次简短的读书推介会。确定学生进行视频展示的总体安排，将安排做成图表张贴在教室里。在高年级，还要将安排发给每个学生，内容还要包括对该展示的评价规则。

也可以开展一场读书推介会，介绍你带来教室的书。

要确保你选的这些书的主题涉猎广泛，并告诉学生如何获取这些书，鼓励他们在作出选择之前多多了解，最后再让每个学生选择一本吸引他 / 她的书。

学生们在读书过程中，可以记一些笔记，后续按照既定的安排将这些笔记整合以便展示。学生们先阅读，然后和老师会面交流想法，准备并写好展示内容，最后再用摄像机记录并保存。

可以在教室里做一个简单的幕布，或者以学校环境为背景进行拍摄报道。根据年级水平不同，可以考虑让学生操作摄像机，做导演，提词工作人员等等。可以找一个晚上的时间，将视频（由老师或学生编辑）的成品发给学生家长传阅。

以前的学生回母校探望或者在学校大厅偶然碰到你的时候，听他们回忆在你的班上那些最快乐的时光，总是那么有趣。许多学生都认为，参与并观看这些读书推介会特别有趣，是一段美好的回忆。

牛皮纸角色

这个活动中制作的大型 3D 模型，可以很好地装点教室，也可用于举办学校图书馆展览。

年级	4—8。
科目	任意。
时间安排	1～2节课的准备/说明指导时间，几节课的绘画和填充时间。
材料	一卷棕色的手工纸，不同的颜色的颜料，用于填充的报纸。

确定成品的理想大小，将牛皮纸的长度剪裁成这个大小的两倍。从中间对折，正反面都涂上颜色，然后订在一起，用报纸填充进中空的地方，做成一个大型的3D模型。

用铅笔在牛皮纸正反面勾画出学生们想要呈现的人物或形象的外形轮廓，勾画好轮廓后，用彩笔填充颜色，添加细节。正面的颜料干了之后，再涂背面。

背面颜料干了之后，将其剪裁成想要的形状，沿着其中三条边的开口订一圈，只留下较长的一边开口。小心地用报纸团在一起填充进去，一定要均匀地填充，然后将剩下的这边订在一起并展示。

这个项目还适用于多个不同的主题，例如：

- 古埃及研究（埃及人物）
- 本土研究（图腾柱）
- 小说研究（小说中的人物）

• 中世纪研究（时代服饰中的人物）

或者，学生也可以按照自己的身形制作自己的肖像，然后用同样的方式订起来并进行填充。将面部和头发涂上颜色，然后穿上自己现实中的衣服。这个活动非常好，可以在家长会时间展示给家长。家长进入教室后，发现好像每个座位上都有一个人！会后，他们可以带走他们的牛皮纸儿子或女儿。

创立一个国家

学生们可以开创一个他们自己想象中的国家，但是要让这个国家可信，符合现实。

年级	5—8。
科目	地理，美术，语言艺术。
时间安排	几节课时间。
材料	图册和其他研究材料，纸张，涂色材料。

学生们要编造一个他们自己的国家，这个想象出来的国家可以建立在世界上的任何地方，但一定要根据周边真实国家的信息，确定国家特点，例如纬度/经度、本土动物、气候等等。

这项活动的导入部分包括复习图册阅读技巧以及全班对所选国家进行整体语言学习[①]，可以包含以下具体信息：

- 名称和含义
- 地理位置
- 地区
- 国界和周边国家
- 地形地貌
- 气候
- 本土动物和植物
- 自然资源
- 语言
- 国旗
- 政府
- 货币
- 时区

全班研究完成后，学生们要（独立或以小组为单位）创建一个想象中的国家，将它放在世界地图上，然后对全班研究中涉及的类别进行探索。

① 整体语言学习：一种学习与教学方法，指在语言学习过程中，将听说读写结合起来，进行语言的创造性学习。通常以学生为中心，合作学习等方式展开。

根据学生年级和能力水平不同，活动所需的具体内容的数量也不同。学生需要根据周边国界的信息确定编造出的国家的各种特点。

对照周边的真实国家，为想象出来的国家设计的特点一定要看上去真实。

每个小组或个人要制作一张带有标注和插图的海报大小的地图。

数学奥林匹克

一种互动式数学课。学生以队伍为单位，与其他队伍比赛，看看谁能更快地、正确地解决问题。

年级	3—8。
科目	数学。
材料	适合年级水平的10道数学题，放置在教室四周的10个站点；答题纸；打分纸。

写下10道数学题，要包含每个数学单元的内容。一定要有逻辑问题、运算和问题解决题。题目要根据年级水平，在难度和复杂度上设置差异，然后给每道题标上题号。按照食谱卡片的大小，每道题制作4～5张题卡。你的桌子上要有一张答案，让自己能清晰地看到，但是参赛者看不到。同时，每个队伍手上也要有一张打

分纸。可以在一张A4纸上划分出几个方格（每个格子代表一队），每个格子里写上数字1—10，这就是打分纸了。当一支队伍给了你正确答案时，在每道题的数字上面打一个×。

在室内安排5个集中点，将题目一的一系列文件放在集中点一，题目二放在集中点二，以此类推。要确保集中点相互离得远一些。（将课桌拉到教室的边缘就可以了。）

将全班分成几队，一支队伍尽量有3～4名学生，也尽量将不同能力水平的学生分在一组相互协作。根据班上学生的多少确定队伍的数量。每支队伍会被安排到教室的指定区域活动。每队选出一名运动员，只有指定的运动员可以去集中点获取问题，也只有他/她能到你的办公桌前核对答案。这样做可以减少混乱，你只需要每支队伍记住一个人就行了。

每支队伍可以在集中点选择任意一种顺序参赛。如果拿到了一道无法解答的问题，他们可以将它放回去，再重新拿一道。但是每支队伍一次只能解答一道题。如果运动员到你的桌前查看答案，但是答案错误，这一队可以再做尝试。

学生可以使用他们所需的任意资料来获取答案（牙

签、筹码、立方体或者教室里任何其他的数学教具)。一道需要计算器的题不能是太简单直接的计算，需要更具有逻辑性。

设置时限。在时限内，答对题目最多的一队获胜。这是一个群情激昂、乐趣非凡的活动。

这个活动还可以和同年级的其他班级联动。在班级、年级或者全校集会上，宣布每个班或者年级胜出的队伍，并授予数学奥林匹克奖牌或者绶带。老师们也可以协调活动时间，以便在学年内的同一时间举办全校性的数学奥林匹克竞赛。许多学区都有数学比赛，鼓励对活动有兴趣的学生参加。

货币拼写大赛

年级	1—8。
科目	语言艺术，数学。
时间安排	设置适合年级水平的时限。
材料	简单、中等、困难等级的词汇表，课堂数学资料以及游戏中1元、5元和10元的纸币，或者专为你的班级自制游戏货币(可以开展为活动设计货币的美术活动，让学生们投票选出他们最喜欢的货币会将活动推向高潮)。

根据年级水平，准备一张列有1元（简单）、5元（中等）和10元（困难）词汇的清单。许多拼读教材都按照字母表顺序将单词表附在课本后几页，这就为制作词汇清单提供了很好的资源。

将学生分成几队，尽量4～5人一队，这样就不用等很久才轮到他们。给每队指派一名出纳负责管理钱财，保管并实时清点该队的钱数。

在轮到他们的时候，每个学生可以选择想要尝试的钱数等级。大多数学生很清楚自己的能力水平，可以选择出刚好适合自己的等级。

但也要向学生解释，最好选择自己能记住的1元词汇，而不是尝试可能答错的10元词汇。所有学生都轮了一轮，或者到了时限之后就停止游戏。刚开始的几次游戏，每队都轮过一遍就行了。当学生逐渐熟悉了游戏，他们自然会请求再多玩几轮。

即使答错了词也不会有人被“淘汰”。每轮过后，学生会去队伍末尾，等待再次轮到他们。

游戏结束时，获得钱数最多的队伍获胜。请学生们互相加油打气，但不能帮助队员答题。

自我评价

学生需要为自己填写一张空白的成绩单表格！

年级	3—8。
时间安排	一节课开启并介绍活动，一节课填写表格，可能的话后续进行单独谈话。
材料	多份空白的成绩单表格。

这个活动给学生提供了培养自我评价能力的机会，也让老师借这个有趣的机会，了解学生们是如何看待、评价自己和自己的学习的。

把成绩单发给家长的之前几天，发给每个学生一张和他们会收到的成绩单一模一样的成绩单，只不过是空白的。和学生一起浏览表格，向他们解释上面的类别以及每个类别的意思。让他们填入分数和对自己的评价。最后将表格都收上来。

正式的成绩单发给家长，学生也看过之后，和每个学生进行一次小小的谈话。谈论一下他们的优势、需要提高的地方以及下一步的计划。

再看一看学生自己写的成绩单，基于该成绩单提问或者回答学生的问题。你会惊讶地发现，学生们对自己的评价是多么准确、有见地，也会发现他们对自己有多严格！

拓展活动

最终的成绩单上，要让学生看到自己已经达成的目标，以及阅读和数学成绩上的进步。让他们知道，他们在本学年都学习了哪些曾经不知道的知识。

全部停止，开始阅读

这个活动可大可小，可以是全校性的文化活动，也可以是单一班级的阅读庆典。

年级	幼儿园—8 年级。
科目	语言艺术。
时间安排	任意时间段～全天均可。
材料	大量阅读材料。

这个活动可以办成全校性的读写活动。校委会或者全体职工的一番策划，会让这特殊的一天顺利度过。活动可以在任意时间段进行，取决于你选择的组织形式。此外，还可以以单个班级、年级或者学部为单位，举办阅读庆典。合理稳固的流程安排能够确保活动成功举办，因此要为该活动做好规划，这样才能给不同形式的阅读

活动合理地安排时间。

构思：

每个人安静地读自己手上的书一分钟，标注从哪里开始读，在哪里结束，数出一分钟内读的字数，得到个人总字数和班级总字数（这里和数学有关）。

每个人同一时间读同一段落。可以使用每个学生都有的课本，选取其中一页，或者复印下这一页。

使用人手一本的课本，让学生读一个单词，随后让全班的每个学生都读出一个单词。

读唇语：通过对方不出声的阅读，猜出对方在说什么。

和朋友或在小组内分享一本书。

用图册查找地名。例如，找到一处地名，含有女生名字、男生名字或者颜色等。

老师读书，学生听。

齐读：选择一本其他班也可以齐读的书。

找一些报纸来阅读。

使用班级统一的字典，进行“查字典大赛”。学生们相互比拼，看谁先开始查单词并念出意思。

每个人都同时大声朗读（不同的内容）一分钟。看上去有点傻，有点吵，但是很有趣。

为学生选择一些插图类书籍进行阅读。

用 ABC 歌的曲调唱出单词。

和伙伴班级联谊，让高年级学生给低年级学生读书，低年级学生则可以根据一本书的内容，给高年级学生讲故事。

邀请特殊读者嘉宾（家长、镇长、校长，等等）到校为学生朗读，或者朗读并说一说他们童年最喜欢的书。

一起听一本（或者一部分）有声读物。

整理收集其他语言编写的阅读材料，学生也可以努力去学外语词汇的发音和词义，非常有趣。

好好规划活动，让学生穿梭于不同的班级，进行不同类型的阅读。例如，可以规定一个班阅读报纸，一个班阅读杂志，另一个班做图册任务。这样就可以减少每个老师需要准备的材料的数量。

安排一次全校性的比萨午餐，一块比萨一块钱，然后将收益捐给学校图书馆或当地的食物赈济处。家长志愿者可以负责组织这个活动。

组织一场作者访问会，这将成为当天活动的亮点。

设计一张证书或者书签，在活动结束时送给学生们。

你还可以开展其他期末活动，包括数学桌游、逃生类情景小游戏和解谜主题单元。让学生写信介绍他们下一学年会来到你的班上的新老师和新同学。

学年的最后几天，我会对学年第一周和每学期开学（即，莫里森·麦考尔拼写量表，麦考尔·克拉布斯标准阅读测试课程和算法复习）进行过的标准化考试进行确认，确认已经全部完成且全部记录在同一班级表单里。这样一来，我就可以看到学生的进步。这张表单也可以快速简单地告诉我哪些学生在过去的一年中没有取得任何显著的进步。这时我就要找到原因，是我教学的问题吗？学生是否需要额外的帮助？是不是有其他我无法管控的情况导致了学生现在的状况？

我可以将标准化测试结果里观察到的情况，添加到我持续更新的“奏效与不奏效的方法”清单里。此外，我还会利用这个时间，整理我的单元教学文件，例如数学和语言艺术课，标记需要多教一教的困难的知识点和概念。我将这些批注到单元教学文件和课程教师计划册中，标注出来年需要调整的地方，以及哪些教学内容和方法奏效，哪些不奏效。我通常一整年都在做这些事，但有急事需要解决时，我偶尔也会忘记将某些想法记下来。我会在暑假期间，好好浏览一遍这张持续更新的清单，依据里面的内容搜寻资源，例如书籍、视听资源以及网站，合并到下一学年的课程资料里。

我也在这张清单中记录和学生度过的某些特别有趣的时光和瞬间，然后反思一下，这个瞬间只是在这个小组内的昙花一现，还是可以复制到其他班级的教学中。

学年最后一周，我会开始收学生们的所有课本、笔记本和落下没做完的项目和卷子。我可以借此机会，准备一些试卷案例，在下一学年给学生们展示，告诉他们“A”“B”“C”“D”等级的卷子以及完全不合格的卷子分别是什么样子的（当然了，这样做之前，我会抹掉学生的名字）。此外，我还会保留他们的笔记本，找到里面的记录，看看我与学生们都一起做了哪些事。如此一来，我就对哪些事情进展顺利，哪些进展不顺了如指掌。有些学校，学生的笔记本会被收上来放进学生档案里转给下一任老师。

学年结束前的一到两天，我们会做一次课桌和班级扫除。学校的课本和材料要全部交还并列入清单。学生要将他们的笔记本、文件夹、项目任务和个人物品带回家，然后在放假前一天去失物招领处查看是否有自己的东西，并清理储物柜。所有的布告栏都会被摘下，所有的视听材料和图书馆图书要全部移送图书馆，所有从老师那里借的东西也都要还回去。

为放假前的最后一天做准备的时候，我开始整理要送给学生们的礼物。一整个学年，我都在收集书籍，就为了在最后一天发下去。书都是为每个学生特别选择的，内封上还有个人留言。

放假前一晚，我会在他们的成绩单信封里放东西。一个是下面这首名为《学校的最后一天》的诗，此外还有一些用一个塑料袋包好的物品。（这首诗是我多年前在网上找到的，很不幸我并不知道它出自哪里。）

学校的最后一天

你非常特别，
我想让你知道，
能当你的老师有多美好。
一年时间飞逝！
也请回来看看老师。
虽然升了年级，
还是要尽全力学习，
毕竟世界之大，我们所知甚少！
还有一件事想教给你，
它会贯穿你的人生，
那就是明白自己的特别，
这世界上不会有第二个你！

以下这些物品会提醒你，记得庆祝你教学的成功：

• 牙签 — 提醒你关注他人身上优秀的品质。

• 橡皮筋—提醒你要随机应变，事情发展不会总是如你所愿，但问题总会解决。

• 铅笔—提醒你要每天列出让自己感觉幸福的事。

• 橡皮—提醒你每个人都会犯错，而这没什么大不了的。

• 口香糖—提醒你要坚持，任何事你都能完成！

• 薄荷糖—提醒你，你值得赞美[①]。

一定要写上：

你的名字

年级 / 学校 / 学年 / 城市

① 薄荷糖的英语是 mint，而 mint 的形容词词义为“完美的”。

学年最后一天的救生包物品

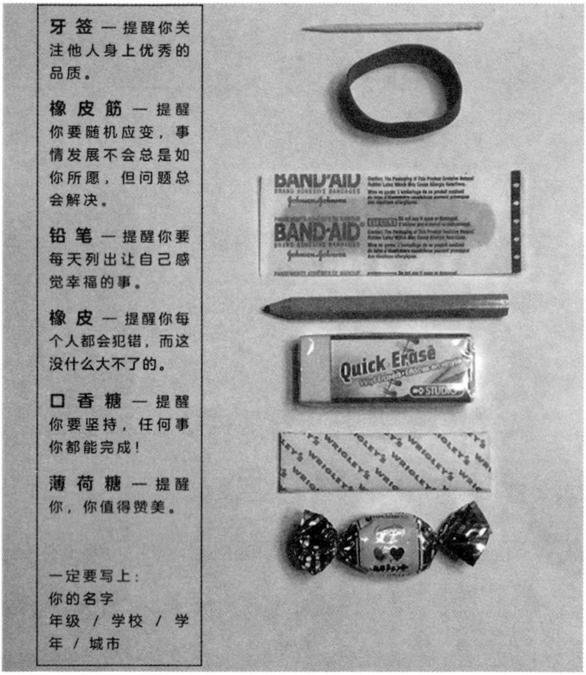

我放进学生成绩单里的物品，还有一张下一学年他们需要准备的物品清单：

亲爱的家长和监护人：

我们非常期待来年能教您的孩子。我们知道您和您的家人都盼望着美好暑假的到来。

由于九月需要返校采购，而且您一定也想利用好8月的大促销，所以这里为您列出一份所有6年级学生所需物品的清单：

- 彩色铅笔
- 一瓶白色乳胶（不是胶棒）
- 一块白色橡皮
- 红色水笔和蓝色水笔各一支
- 数学用具
- 一个基础款计算器
- 一把普通的直尺
- 一本适中的活页夹（只用于数学笔记——不要买更大号）
- 两包活页纸（9—12 月一包；1—6 月一包）
- 一盒纸巾
- 马克笔

我们会提供彩色文件夹和笔记本。注意，学生课桌的空间无法放大号的活页夹，所以请不要买大号的。

为了参与体育馆活动的安全，学生需要合适的跑鞋。

感谢您的协助与合作。祝您度过安全愉快的暑假，期待 9 月与您再次见面。

作为收尾活动，我会收齐每个学生的自传，然后准备一张印有他们照片的封面，在学年最后一天发给学生。

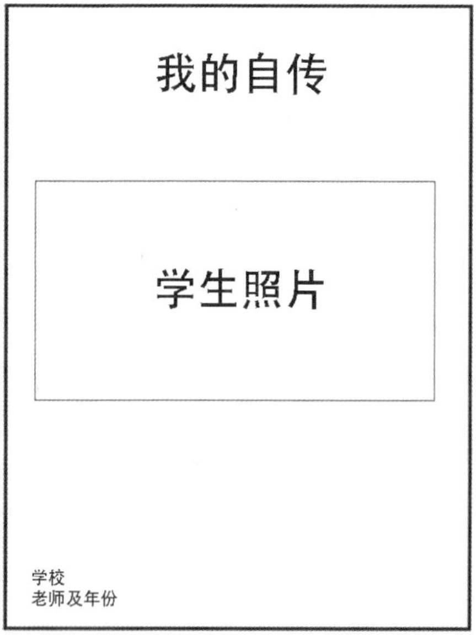

我还准备了以下物品，并将它们都装订在一起：

- “了解自己”调查表
- “了解自己”海报
- 多元智能调查问卷
- 多元智能学生个人概况表
- 结交新朋友任务表
- 我的目标
- 学年目标——家长问卷
- 每周回顾性问题
- 每月目标设定表

- 访谈表
- 新年愿望
- “量量我”活动表
- 家族纹章图
- 促进融洽关系的年终活动表
- 任意特殊物品（如信件、照片、证书、诗歌等等。）

学校放假前一周，我会将整个学年拍过的所有视频进行编辑。如此一来，我就可以在学年最后一天给学生播放一段时长 1 小时的视频。我还会邀请毕业班的学生返校观看他们的年终视频。

学年末的最后几天，通常是对学生进行小组访谈的好时机。访谈中的问题类型和我用于帮全班“脱困”时的类型相同，但我会用不同的形式获取反馈来为下一学年做准备。这些问题就构成了我的年终反思活动：

姓名 ___________

年终反思

这一学年，我达到的最重要的目标是……	我还想要达成的一个目标是……
这一学年，我学到的最棒的一件事是……	我最喜欢这个科目……
这一学年，我最困难的一项挑战是……	我过去做不到，但现在能做到的事情是……
这一学年，我的一位新朋友的名字是……	下一学年，在这些方面我会做得更好……

最后，还要开展一项促进融洽关系的活动。我将所有学生的名字打在几张纸上，每个名字后面画 3 条横线。将它们打印出来，订在一起，然后发给每个学生。我会让学生在每个名字后面写上对这个学生的积极评价，然

后再将名单收上来。随后，将所有评价打印在一张纸上，再把这些评价剪下来。学年最后一天，我把装有学生个人的一条条评价的信封发下去。对每个学生来说，能在这最后一天收到 25 ～ 30 条针对自己的评价，是多么美妙啊。

促进融洽关系——年终活动

姓名 ________________________________

1. 杰西卡 · 安德森 ________________________

____

____

2. 巴希尔 · 瑞玛 __________________________

____

____

3. 西雷利 · 约翰 __________________________

____

____

评价示例：

杰西卡 · 安德森

——你真的非常善解人意

——你总是微笑着的

——滑冰好手

——乐于助人

——慷慨大方

——有趣

下一步：

1. 计划好学年最后一个月的最低期待。

2. 为你的班级确定 2 ～ 3 个学习单元的“常青树”。

3. 开始为下一学年的老师准备学生档案，或者将档案在最后一天交还给学生（比如“我的自传”）。

4. 制作并打印“年终反思”活动表。

5. 学年结束的前 1 ～ 2 天，清理书桌和教室，归还和清点所有学校课本和材料。让学生将他们的笔记本、文件夹、项目任务和个人物品带回家。然后在放假前一天去失物招领处查看是否有自己的东西，并清理储物柜。所有的布告栏都会被摘下，所有的视听材料和图书馆图书要全部移送图书馆，所有从老师那里借的东西也都要还回去。

6. 准备好“学年最后一天的救生包”，然后放在成绩单信封里。

7. 准备好给家长的 9 月开学用品通知信，放在成绩单信封里。

8. 可以考虑在放假前的 2 ～ 3 天，举办促进融洽关系的年终活动。

最后一天

“一名教师对人的影响是永恒的，这种影响会永不止步。”

——亨利·亚当斯[①]

如果学生确实只能记得他们在学校的第一天和最后一天，那么这最后一天就需要像开学第一天一样，认真而完整地计划和安排，因为这最后一天有太多事需要做。由于学生（和老师）越临近最后一天就越兴奋，制定条理清晰的日程非常必要，这样就可以确保你能完成所有想要完成的事！

最后一天，一些老师会举办一场班级派对或者安排班级出游。一些学校还会在上午举办告别集会，回顾过去的一学年，并宣布已经在8年级学生毕业的前一天晚上颁发的奖项。有的集会也会介绍新老师，同时和即将退休或离校的老师告别。下午会举办一个社区庆祝活动，

① 亨利·亚当斯：美国历史学家、学者和小说家。代表作《亨利·亚当斯的教育》。

通常是在室外举办烧烤音乐派对，家长、学生和老师都会参加。其他学校则会举办一场老师对高年级学生或毕业生的棒球比赛。通常在当天的最后几个小时，老师可以和他们的学生告别。

学年末是独特而宝贵的一段收尾时间。我经常告诉学生们，这是我们作为一个班级在一起的最后时光，他们中的一些人可能会搬家，转学去不同的学校，一些人会去同一所学校的不同班级。还会有新生和新的老师来到学校，来到他们的班级，走进他们的生活。

我开启最后一天的方式和开学第一天相同。我在教室门口迎接学生，和他们握手，然后让他们完成一张有趣的活动表，有时是我们在开学第一天没有时间做的一项活动。

我会根据全校最后一天的活动（例如全校参加集会），随时调整我自己班上的活动。这最后一天也是我展示这一整年的视频的时候。

这个视频就是我的动态回忆录，通常持续 45 ～ 60 分钟。

视频的高光时刻，就是时间胶囊展示的时候。当看到学生们在短短一年里外貌体型的变化时，我和他们一样惊喜。这也是给我 8 年级的毕业生们展示的时间胶囊，回忆我多年前从5年级开始带他们的时候。学生们看到视频中的自己和同学，会哈哈大笑，也会尴尬。

视频放完之后，我把他们的时间胶囊发下去。学生通常会用半个小时左右的时间读一读开学第一天写的东西。他们会看到自己成长、改变了很多，还会拿自己和其他同学对比。一些老师喜欢让学生给下一届的学生准备一封信，告诉他们这一年是什么样子的，或者将会发生什么。其他老师则选择让学生给下一学年的老师写介绍信。

一些学校会在最后一天发放学年纪念册和班级照片。对于学生们来说，这是一个分享回忆，在学年纪念册上互相签名的好时机。我让所有学生都把自己同学的名字记录下来，这样多年以后，他们就能记得同班同学都有谁。

我会给所有要在暑假期间过生日的学生送生日贺卡，我们全班一起唱生日快乐歌给他们。

此外，我还会给全勤的同学颁发“我做到了”奖状。

在发成绩单之前，我提醒学生们我在开学第一天说的话——眨眨眼睛，这一年就这样飞逝而过了。

之后，我会和他们握手，快速地用一两个词鼓励他们，祝他们度过愉快安全的暑假。我曾经任教的一所学校有一个传统，下发成绩单之后，学生们要在走廊里排好队。当所有 8 年级的毕业生离开教室，来到走廊上时，所有人都鼓掌，欢送他们一路走出学校。

用这种方式，和开学第一天一样高调地结束这一学年，真的太棒了！

下一步：

1. 像开学第一天一样，认真而完整地计划和安排学年的最后一天。

2. 播放年终视频，归还学生的时间胶囊。

3. 让学生给下一学年的老师写介绍信。

4. 发放生日贺卡。

5. 发放成绩单。

喜欢这本书吗？你可以这样做……

非常感谢您购买这本《优秀教师课堂管理智慧》，感谢您在市面上万千优秀的图书中选择了本书。

我希望这本书会让作为基础教育阶段教师的你以及你的学生更加喜欢学校的生活。如果确实如此，请考虑一下，将你的想法发布到社交平台上与其他老师分享。

如果您喜欢这本书，并且在阅读中发现了它的价值所在，请花几分钟的时间将您最真实的评价发布到购书网站上。书评对读者和作者来说都非常重要，也非常难得。评论不用太长：一两句话就能有很大帮助。每条评论都能帮到他人。

您也可以在网站上随时点赞那些有帮助的评论，排名靠前的评论会展示出来，并且很可能会对新读者产生影响。您可以点赞任何评论。

谢谢您的支持。

马尔扬

图书在版编目（CIP）数据

优秀教师课堂管理智慧 /（加）马尔扬·格拉瓦茨著；苏祎甜译. —长沙：湖南人民出版社，2022.4
ISBN 978-7-5561-2768-9

I. ①优… II. ①马… ②苏… III. ①课堂教学—教学管理 IV. ①G424.21

中国版本图书馆CIP数据核字（2022）第035374号

优秀教师课堂管理智慧
YOUXIU JIAOSHI KETANG GUANLI ZHIHUI

著　　者：[加] 马尔扬·格拉瓦茨
译　　者：苏祎甜
出版统筹：陈　实
监　　制：傅钦伟
责任编辑：田　野
产品经理：姚忠林
责任校对：夏丽芬
封面设计：刘　哲

出版发行：湖南人民出版社 [http://www.hnppp.com]
地　　址：长沙市营盘东路3号　　邮　　编：410005　　电　　话：0731-82683357

印　　刷：长沙新湘诚印刷有限公司
版　　次：2022年 4 月第1版　　印　　次：2022年 4 月第1次印刷
开　　本：880 mm × 1230 mm　1/32　　印　　张：8.625
字　　数：140千字
书　　号：ISBN 978-7-5561-2768-9
定　　价：49.80元

营销电话：0731-82683348（如发现印装质量问题请与出版社调换）